Giulia de Savorgnani

Chiaro! A2

Der Italienischkurs

Lehrerhandbuch –
Guida per l'insegnante

Hueber Verlag

3.   2.   1. | Die letzten Ziffern
2015 14 13 12 11 | bezeichnen Zahl und Jahr des Druckes.
Alle Drucke dieser Auflage können, da unverändert,
nebeneinander benutzt werden.
1. Auflage
© 2011 Hueber Verlag, 85737 Ismaning, Deutschland
Redaktion: Anna Colella, Hueber Verlag, Ismaning
Satz: Büro Sieveking, München
Druck und Bindung: Auer Buch + Medien GmbH, Donauwörth
Printed in Germany
ISBN 978-3-19-055449-2

Indice

Introduzione

LA GUIDA DIDATTICA

Questa guida didattica vi accompagnerà nell'insegnamento dell'italiano con *Chiaro! A2* spiegandovi dettagliatamente come lavorare in classe e suggerendovi accorgimenti atti a migliorare la dinamica di gruppo e a promuovere la motivazione degli allievi. Qui di seguito troverete dunque

- un'introduzione alla metodologia del manuale
- indicazioni metodologiche per ogni attività (concetto didattico, obiettivo e procedimento)
- la trascrizione degli input orali
- le soluzioni degli esercizi del manuale
- informazioni di carattere socioculturale e geografico utili nel corso delle singole unità
- suggerimenti per attività supplementari e procedimenti alternativi

Nella rubrica "Lehren" del nostro sito Internet (http://www.hueber.de/chiaro/) troverete inoltre dei materiali che integrano e ampliano le proposte contenute nella guida e che potrete scaricare gratuitamente:

- test d'ingresso e test di autovalutazione
- attività supplementari da stampare e portare in classe
- links relativi ai temi delle lezioni o alle pagine interculturali

Il sito presenta anche una rubrica dedicata ai discenti ("Lernen"), dove i vostri allievi potranno svolgere online esercizi utili per ripetere e approfondire quanto imparato in classe.

Con questo pacchetto di proposte e strumenti il team di *Chiaro!* spera di fornirvi un valido aiuto e vi augura buon lavoro.

LE COORDINATE DI *CHIARO!*

Chiaro! è un corso in 3 volumi ideato principalmente per adulti che imparano l'italiano presso la Volkshochschule, scuole di lingua o istituzioni analoghe. La concezione e la veste grafica lo rendono tuttavia adatto anche a un pubblico più giovane, come quello delle scuole superiori. *Chiaro!* si rivolge a discenti senza conoscenze pregresse che vogliano raggiungere i livelli di competenza A1, A2, B1 del Quadro comune europeo: ogni volume è dedicato a un livello.

Chiaro! A2 conduce dunque al livello A2 ed è composto da

- ▶ un manuale per le lezioni da svolgere in classe
- ▶ un eserciziario integrato nel manuale
- ▶ un CD audio per il manuale
- ▶ un CD-ROM con i testi audio dell'eserciziario, gli esercizi di fonetica e materiale utilizzabile per lo studio autonomo
- ▶ un fascicolo con le soluzioni delle attività contenute nell'eserciziario
- ▶ la presente guida didattica

Chiaro! A2 offre materiale didattico per tre semestri di 15 settimane con una frequenza di 90 minuti settimanali. Il corso è però abbastanza flessibile da consentire adattamenti in base alle esigenze delle diverse istituzioni e al profilo degli utenti.

Avvertenza:
Le parti nuove dell'Introduzione che si riferiscono al livello A2 sono state evidenziate mediante il simbolo **A2**.

LA FILOSOFIA DI *CHIARO!*

▶ *Chiaro!* **e il Quadro comune europeo di riferimento per le lingue**

Chiaro! persegue gli obiettivi didattici previsti dal Quadro comune europeo per i livelli di competenza **A1**, **A2**, **B1**. Ogni volume è dedicato ad un livello.

Che cos'è il Quadro comune europeo di riferimento?

È un documento elaborato dal Consiglio d'Europa con l'obiettivo di

- agevolare la comparabilità della formazione linguistica nei Paesi europei
- agevolare il reciproco riconoscimento delle certificazioni linguistiche nell'ambito dell'UE
- fornire una base comune per l'elaborazione di programmi, linee guida curricolari, esami, libri di testo ecc.

Come si raggiungono questi obiettivi?

- Il Quadro di riferimento descrive le conoscenze e le competenze che i discenti devono acquisire per poter comunicare nelle lingue europee.
- Esso fornisce descrittori che definiscono i diversi livelli di competenza e consentono di valutare i progressi nel processo d'apprendimento.

Quali sono i livelli di competenza previsti dal Quadro comune di riferimento?

Il Quadro di riferimento prevede tre macro-livelli di competenza, ognuno dei quali è a sua volta suddiviso in due sottolivelli:

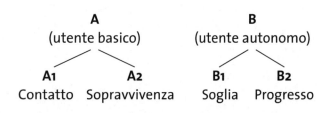

A
(utente basico)

A1   **A2**
Contatto   Sopravvivenza

B
(utente autonomo)

B1   **B2**
Soglia   Progresso

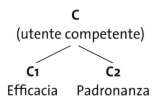

C
(utente competente)

C1   **C2**
Efficacia   Padronanza

Chiaro! conduce quindi il discente dal contatto iniziale con la lingua a una prima autonomia d'uso.

Come viene 'misurato' il livello di competenza del discente?

Il Quadro di riferimento contiene scale per la valutazione delle competenze acquisite dal discente a conclusione di ogni livello. Ecco per esempio la scala globale per il livello A2:

> **A2** *Riesce* a comprendere frasi isolate ed espressioni di uso frequente relative ad ambiti di immediata rilevanza (ad es. informazioni di base sulla persona e sulla famiglia, acquisti, geografia locale, lavoro).
> *Riesce* a comunicare in attività semplici e di *routine* che richiedono solo uno scambio di informazioni semplice e diretto su argomenti familiari ed abituali.
> *Riesce* a descrivere in termini semplici aspetti del proprio vissuto e del proprio ambiente ed elementi che si riferiscono a bisogni immediati.

(da: Quadro comune europeo di riferimento per le lingue,
La Nuova Italia – Oxford, 2002)

Ogni volume di *Chiaro!* contiene una griglia di comparazione tra le competenze previste dal Quadro comune di riferimento e i contenuti del libro (*Chiaro! A2*: pp. 246–247).

▶ *Chiaro!* **e il Portfolio europeo delle lingue**

Chiaro! si ispira, in tutta la sua concezione, anche al Portfolio europeo delle lingue.

Che cos'è il Portfolio europeo delle lingue (PEL)?

- Il PEL è uno strumento ideato dal Consiglio d'Europa sulla base del Quadro comune di riferimento.

- Consiste in una serie di documenti personali *(Passaporto linguistico, Biografia linguistica, Dossier)* che consentono al discente di raccogliere tutte le informazioni relative al suo apprendimento delle lingue straniere e alle sue esperienze interculturali.

- Ha lo scopo di
  - sostenere e promuovere l'apprendimento linguistico in un'ottica di progressiva autonomia del discente.
  - documentare le competenze linguistiche in modo trasparente e dunque comparabile a livello europeo.
  - promuovere il plurilinguismo, la pluriculturalità e la mobilità delle persone nell'UE.

In quali parti di Chiaro! si ritrovano i principi del PEL?

- Nell'ultima pagina di ogni lezione del manuale, specificamente dedicata al Portfolio, con test di autovalutazione basati sui criteri del Quadro comune (rubrica intitolata *Das kann ich!* poiché il principio-guida del Quadro e del PEL è quello del "can do") e attività riservate alle strategie di apprendimento *(Nachdenken über das Lernen)*.

- Nella pagina *Culture a confronto*, presente in ogni lezione e specificamente dedicata allo sviluppo della competenza interculturale.

- Nell'ultima pagina di ogni lezione dell'eserciziario, che contiene un'attività per il dossier personale del discente.

▶ **L'approccio didattico di *Chiaro!* alla luce del Quadro comune e del PEL**

In armonia con le linee guida del Quadro comune di riferimento, *Chiaro! A2* si propone di condurre il discente a una conoscenza della lingua italiana

🔊 di livello elementare, ma sufficiente alla **sopravvivenza**. Le funzioni comunicative introdotte in ogni unità sono perciò quelle indicate dal Quadro per il secondo sottolivello (*Waystage*), mentre gli elementi lessicali e morfosintattici sono quelli di cui una persona ha bisogno per realizzare appunto tali atti linguistici (di volta in volta esplicitati nella pagina di apertura dell'unità). A questo livello, i domini (o ambiti d'azione) maggiormente interessati sono quello privato – che prevede ad esempio la capacità di narrare esperienze e confrontare stili di vita – e quello pubblico, con funzioni orientate prevalentemente ai contatti sociali, alle transazioni e ai servizi di utilità quotidiana.

Poiché l'obiettivo è quello di mettere il discente semplicemente in condizione di **'arrangiarsi'** (pur con aiuti) nel mondo dell'italiano, la **progressione** è, in tutti i settori, volutamente **'dolce'**. Ciò non toglie, però, che la lingua e la cultura vengano presentate in **forme** e **contesti** assolutamente **autentici**.

L'incontro con l'italiano sulle pagine di *Chiaro!* avviene quindi a tutto campo: pur se a un livello elementare, si cura infatti lo sviluppo di tutte e quattro le abilità linguistiche fondamentali (ascoltare, leggere, parlare e scrivere), accompagnato dall'apprendimento delle strutture morfosintattiche. Si dedica inoltre particolare e sistematica attenzione ad una quinta abilità: la capacità di imparare *(savoir-apprendre)*. Testi ed esercizi mirati promuovono infine lo sviluppo della competenza interculturale.

Facendo propria la filosofia del Quadro comune, *Chiaro!* adotta un **approccio didattico orientato all'azione** privilegiando compiti che richiedano l'interazione e la collaborazione fra i discenti, come si vedrà analizzando gli elementi chiave.

Gli input orali

🔊 La tipologia degli input orali è stata selezionata in base alle indicazioni del Quadro comune per il livello A2. Essi sono costituiti prevalentemente da conversazioni faccia a faccia, di tipo privato o formale, e telefonate. Sono stati registrati da persone di madrelingua alle quali è stato chiesto di parlare con un ritmo e una velocità normali. Poiché gli speaker provengono da diverse regioni, il discente avrà modo di sentire accenti e cadenze di diverso tipo, abituandosi così fin dall'inizio alla varietà che caratterizza l'italiano parlato. In tre casi, inoltre, compaiono estratti di trasmissioni radiofoniche: nell'unità 3 una breve intervista, nella 7 informazioni sul traffico e nella 8 un notiziario.

Nella maggior parte dei casi i dialoghi non sono stati trascritti nel libro o ne è stata riportata solo una parte con la quale gli studenti dovranno lavorare. Questa scelta nasce dal fatto che le attività di ascolto devono simulare la vita reale, 'immergendo' il discente in situazioni analoghe a quelle in cui si troverà quando andrà in Italia in modo che egli pian piano impari ad orientarsi e a cavarsela da solo. La trascrizione completa dei testi orali si trova nella presente Guida ad uso esclusivo dell'insegnante. Si raccomanda di non fornirla ai discenti. A quegli studenti che dovessero richiederla si risponderà che in classe non potranno leggere il testo esattamente come nella vita reale non possono vedere ciò che le persone dicono. La mancanza della trascrizione non è quindi una 'cattiveria', bensì un aiuto: finché si rimane legati alla parola scritta, infatti, non si può imparare a decodificare i suoni perché il cervello umano li elabora diversamente dai segni.

Lo sviluppo della comprensione auditiva richiede tempo, pazienza ed esercizio. *Chiaro! A2* propone un approccio graduale a questa competenza accompagnato, nel Portfolio, da una riflessione sulle strategie che possono favorirne l'acquisizione. Si raccomanda di dare l'opportuno spazio a tali momenti di riflessione e di incitare i discenti ad esercitarsi autonomamente con il CD-ROM. Per vincere eventuali resistenze e prevenire la frustrazione, sarà comunque opportuno evidenziare l'efficacia di quest'attività e tranquillizzare gli studenti dicendo loro che

– lo scopo di quest'attività NON è quello di capire tutto, primo perché non è possibile e secondo perché non è realistico: quando si assiste ad una conversazione, anche nella propria lingua madre, è normale che sfuggano dei particolari;

– lo scopo di quest'attività è quello di abituare l'orecchio e la mente ai suoni dell'italiano: solo ascoltandoli spesso si potrà imparare a riconoscerli e a conferire loro un senso. Si tratta di un vero e proprio allenamento e l'obiettivo sarà raggiunto se ognuno si sforzerà di capire ogni volta un po' di più;

– per allenarsi bene è importantissimo non fidarsi esclusivamente dell'orecchio perché l'acustica può sempre ingannare, è indispensabile perciò mettere in gioco la propria esperienza di vita (domandandosi per esempio: di che situazione si tratta? Cosa si dice di solito in una situazione del genere?) e la propria fantasia;

– altrettanto importante è utilizzare le informazioni raccolte come 'appiglio' a cui appoggiarsi per associare altre idee, come se si dovesse comporre un puzzle;

– nello svolgere quest'attività gli studenti non saranno mai soli perché sono previste fasi di interazione con i compagni: si scambieranno le informazioni raccolte, si aiuteranno a sciogliere i dubbi, potranno fare insieme delle supposizioni da verificare durante l'ascolto successivo.

Sugli input orali si basa, di regola, una sequenza di attività che inizia con un esercizio di pre-ascolto e si conclude con la riutilizzazione delle strutture introdotte.

A2

Comprensione globale

Al primo ascolto, spesso preceduto da un'attività introduttiva, il discente si limita a cercare di capire in quale contesto si svolge il dialogo e a immaginare la situazione. A volte c'è una foto o un disegno che facilita il compito.

Comprensione più dettagliata

Per giungere a una comprensione più dettagliata il discente dovrà ricavare dall'ascolto informazioni via via più precise. Il dialogo è stato spesso 'segmentato' in modo che a ogni ascolto ci sia qualcosa di nuovo da scoprire.

Analisi delle funzioni comunicative

Le funzioni comunicative non vengono fornite bell'e pronte dall'insegnante: sarà il discente stesso a ricavarle dal dialogo, spesso lavorando insieme a un compagno.

Produzione

I discenti vengono subito invitati a utilizzare le espressioni e strutture appena 'scoperte', dapprima in una produzione semplice e guidata, poi in attività via via più libere e un po' più impegnative.

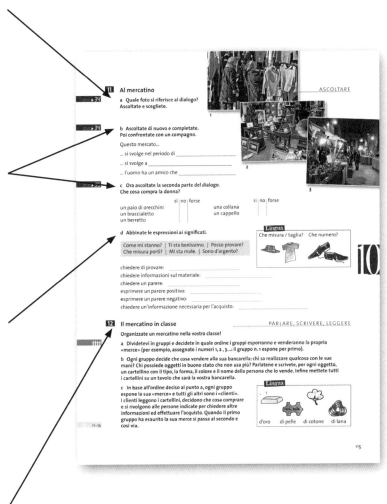

Procedimento

Per evitare che subentri la 'noia da routine' e per promuovere la motivazione dei discenti, si è cercato di variare la tipologia delle attività abbinate agli input orali. Con le registrazioni si lavora comunque in due fasi ben distinte che prevedono modalità di svolgimento diverse. Qui di seguito vi forniamo, per entrambe le fasi, le linee guida generali che andranno di volta in volta integrate con le indicazioni contenute nelle consegne delle attività e con le precisazioni fornite nelle pagine della Guida dedicate alle singole lezioni.

Fase 1 – Comprensione globale

Si ascolta il dialogo per cercare di capire in quale contesto esso si svolge (p. es. formale o informale), per immaginare la situazione e/o per ricavare alcune informazioni generali. Nel libro sono sempre presenti dei compiti, spesso basati su una o più immagini perché la filosofia di *Chiaro!* prevede di mettere in gioco tutte le modalità con le quali normalmente si percepisce la realtà. Tali compiti hanno lo scopo di mantenere viva l'attenzione stimolando la curiosità: è importante che il discente abbia, ad ogni ascolto, qualcosa di nuovo da scoprire perché così ascolterà con interesse e ricaverà automaticamente maggiore vantaggio dall'attività. Ed è importante che voi facciate leva su questi compiti per presentare l'attività di ascolto come una sfida coinvolgente e gratificante: se i vostri allievi sono del 'tipo giusto', dite pure loro che in questo modo possono prendersi delle libertà che normalmente può prendersi solo un bambino, per esempio quella di dedicarsi a una spensierata caccia al tesoro in cui si può sbagliare strada, tornare indietro e cercare una nuova via.

Fate dunque aprire il libro per leggere le consegne relative al primo compito (si coprirà con un foglio tutto il resto) e accertatevi che esso sia chiaro. Fate ascoltare il testo, raccomandando agli studenti di servirsi degli stimoli visivi presenti nel libro per 'guardare' la scena con gli occhi della mente. Nei casi in cui il libro non presenti stimoli visivi, invitate gli studenti a immaginare la situazione 'proiettandola' davanti agli occhi della mente come se fosse una scena di un film. Dopo aver avviato il lettore CD, spostatevi in un angolo: è importante che i discenti si concentrino sul loro compito e non vengano distratti dalla vostra presenza.

Finito il dialogo, formate delle coppie e chiedete agli studenti di scambiarsi le informazioni; invitateli a fare delle supposizioni su quello che hanno sentito ricorrendo anche alla fantasia ed alla propria esperienza di vita, riflettendo cioè su che cosa si potrebbe fare e dire nella situazione che gli pare di aver identificato. Fate poi ascoltare di nuovo affinché i discenti abbiano modo di verificare le ipotesi appena formulate.

Seguendo le indicazioni delle consegne, alternate ascolto e socializzazione (ogni volta con nuove coppie) finché notate che c'è uno scambio di informazioni reale e proficuo. Ricordate, soprattutto per le registrazioni più lunghe, di far ascoltare il testo tutte le volte che i discenti vorranno verificare le loro ipotesi. Non chiedete mai agli studenti che cosa non hanno capito: questa domanda genera solo frustrazione rovinando tutto il vostro lavoro di motivazione. Al contrario, mettete in risalto ciò che hanno capito, facendo

loro notare come ci siano riusciti pur disponendo di conoscenze linguistiche ancora modeste. Avvertiteli che se per caso non riescono a risolvere qualche quesito, non devono farsene un cruccio: l'orecchio e la mente si allenano lo stesso. Perciò se capita che nessuno sappia rispondere a una certa domanda, dite che non importa: non è la soluzione che conta, ma lo sforzo compiuto per arrivarci. Comunque non fornite voi le soluzioni, ma cercate di ottenerle dagli studenti facendo esporre le varie ipotesi fino a giungere a una soluzione condivisa (se qualcuno fornisce subito quella giusta, chiedete comunque agli altri se sono d'accordo, *prima* di dire che siete d'accordo anche voi). Se un quesito rimane in sospeso, date la soluzione solo se richiesta dai discenti. Qualche volta potrà essere opportuno cominciare con un primo ascolto a libro chiuso: nella Guida troverete in tal caso apposite istruzioni.

Fase 2 – *Comprensione più dettagliata*

Qui si passa dal generale al particolare: gli studenti ascolteranno di nuovo la registrazione, lavoreranno con il dialogo, per esempio ricostruendone una parte, rimettendo in ordine le battute o ricavando alcune informazioni particolari, e infine verificheranno la propria soluzione con un nuovo ascolto. Il brano così ricostruito servirà come base per l'analisi linguistica.

- Fate leggere le consegne e dopo esservi accertati che il compito sia chiaro, avvertite gli studenti che lo dovranno svolgere, in un primo momento, da soli (in silenzio).
- Fate ascoltare la registrazione: gli studenti svolgono il compito individualmente.
- Dite agli studenti di confrontare le proprie soluzioni con quelle di un compagno.
- Alternate ascolto e confronto fra compagni (possibilmente cambiando le coppie) finché notate che c'è disaccordo sulle soluzioni e che lo scambio d'idee è proficuo.
- In plenum cercate di giungere a soluzioni condivise facendovele dire dagli studenti e, se possibile, trascrivendole su un lucido o alla lavagna. In caso di proposte divergenti (o se c'è totale accordo su soluzioni sbagliate: in

tal caso direte che non siete d'accordo voi), guidate gli studenti nel ragionamento fino a farli giungere ad una versione condivisa e corretta. Date voi la soluzione solo se proprio nessuno riesce a fornirla.
– Concludete l'attività con un ultimo ascolto.

Gli input scritti

A2 Anche la tipologia delle letture è stata selezionata in base alle indicazioni del Quadro comune per il livello A2. E anche in questo caso si presenta una sequenza di attività in cui al discente spetta il ruolo di protagonista 'in azione'.

Pre-lettura
Spesso basata sull'attivazione del lessico tematico e sullo scambio di idee con i compagni.

Comprensione globale
Prima lettura sempre abbinata a un compito preciso e mirato alla comprensione generale del testo.

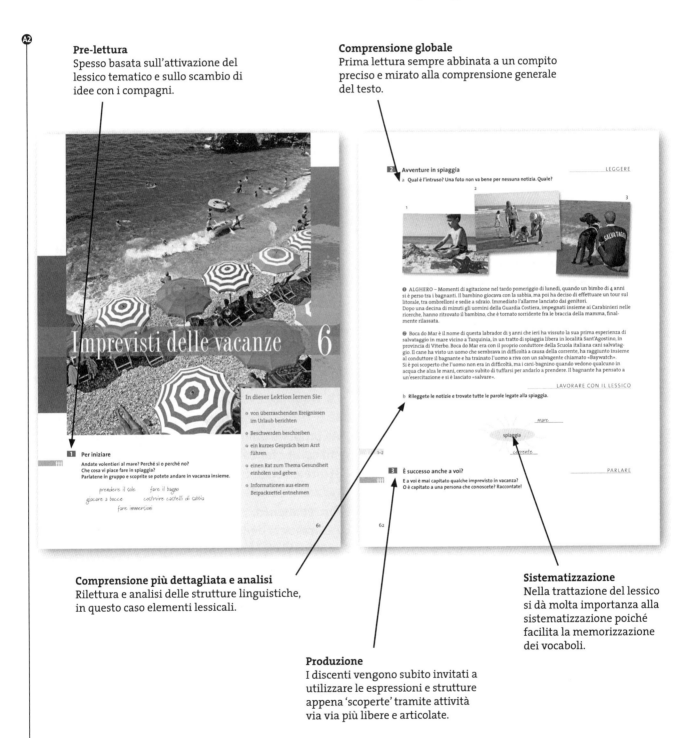

Comprensione più dettagliata e analisi
Rilettura e analisi delle strutture linguistiche, in questo caso elementi lessicali.

Sistematizzazione
Nella trattazione del lessico si dà molta importanza alla sistematizzazione poiché facilita la memorizzazione dei vocaboli.

Produzione
I discenti vengono subito invitati a utilizzare le espressioni e strutture appena 'scoperte' tramite attività via via più libere e articolate.

Per la lettura valgono le considerazioni già fatte più sopra per l'ascolto. Tenete conto che davanti alla pagina stampata il discente sarà più che mai tentato di voler capire ogni parola: per evitare che ciò accada, sarà bene stabilire un tempo massimo per lo svolgimento del compito (calcolato di volta in volta in base alla lunghezza e alla difficoltà del testo nonché alle caratteristiche della classe, facendo in modo che i discenti, pur leggendo senza stress, non abbiano tempo di soffermarsi sui singoli vocaboli). Occorrerà preparare con cura gli studenti a quest'attività facendo presente che

– lo scopo NON è quello di capire tutto, primo perché non è possibile e secondo perché non è necessario: per cogliere il significato generale di un testo non occorre identificare tutte le parole;
– lo scopo di quest'attività è semplicemente quello di abituare l'occhio e la mente a 'districarsi' fra i segni dell'italiano: soltanto misurandosi con essi di frequente è possibile sviluppare le strategie adatte a decodificarli. Si tratta quindi di un vero e proprio allenamento e l'obiettivo sarà raggiunto se ognuno si sforzerà di capire ogni volta un po' di più;
– per allenarsi bene è importantissimo concentrare la propria attenzione innanzi tutto su ciò che si capisce e non su ciò che non si capisce. Raccomandate dunque agli studenti di non cominciare subito a sottolineare le parole a loro ignote (come fanno di solito): se proprio vogliono sottolineare qualcosa, sottolineino pure le parti che riescono a comprendere;
– altrettanto importante è utilizzare le informazioni raccolte e le parole chiave che si scoprono come 'appiglio' a cui appoggiarsi per associare altre interpretazioni, come se si dovesse comporre un puzzle;
– un ulteriore aiuto può venire dagli elementi formali caratterizzanti: indicazioni relative alla fonte e all'autore, titoli e sottotitoli, intestazioni ecc. È indispensabile mettere in gioco la propria esperienza di vita per cercare di identificare, innanzi tutto, il genere di testo che si dovrà affrontare e poi chiedersi per esempio:

che cosa potrei aspettarmi di leggere in un testo di questo tipo?
– non è un aiuto, invece, il glossario che si trova in fondo al libro: consultarlo per chiarire ogni parola nuova è anzi un errore che il discente commette a proprio danno, prima di tutto perché la consultazione interrompe il flusso di lettura e quindi anche il processo mentale di comprensione, e poi perché in questo modo ci si autoimpedisce di sviluppare la propria capacità di deduzione;
– fra le strategie di comprensione ha un ruolo di primo piano la fantasia che, unita alla capacità di deduzione, potrà aiutare il discente a ricavare il significato di vocaboli ignoti con l'ausilio del contesto in cui essi compaiono;
– esattamente come accade quando si legge nella propria lingua madre, nel corso del tempo sarà necessario sviluppare strategie di comprensione diverse in base alle caratteristiche del testo: un dépliant turistico, per esempio, si legge per scopi e con metodi differenti rispetto a un articolo di giornale;
– anche per la lettura sono previste fasi di interazione e perciò ogni studente potrà sempre contare sull'aiuto dei compagni.

Lo sviluppo della comprensione della lingua scritta richiede tempo, pazienza ed esercizio. *Chiaro!* **A2** propone quindi un approccio graduale a questa competenza e, nel Portfolio, riflessioni sulle strategie che possono favorirne l'acquisizione.

Procedimento
La tipologia delle attività abbinate agli input scritti è varia; in *Chiaro!* **A2** compare, fra l'altro, la lettura differenziata (p. es. Lez. 3, punto 5), che fa leva sul *gap* informativo per stimolare la curiosità e lo sforzo di comprensione. Compiti volti a mantenere viva l'attenzione sono comunque sempre presenti e sarà importante sfruttarli per aiutare i discenti a diventare lettori sempre più autonomi. Qui di seguito vi forniamo alcune linee guida generali che andranno di volta in volta integrate con le indicazioni contenute nelle consegne delle attività e con le precisazioni

fornite nelle pagine della Guida dedicate alle singole lezioni.

– Riproducete l'attività di pre-lettura su lucido e proiettatela alla parete (o copiatela alla lavagna) affinché gli studenti si concentrino su quest'attività a libro chiuso, evitando così che comincino già a leggere il testo. Oppure fatela svolgere dopo che gli studenti avranno coperto con un foglio tutto il resto.

– Dite agli studenti che dovranno leggere un testo, individualmente e in silenzio, per farsene un'idea generale: sottolineate che si tratta di concentrarsi esclusivamente sul contenuto e sul suo significato complessivo, lasciando perdere le parole e le forme nuove che eventualmente si incontrano.

– Se possibile, riproducete su lucido o sulla lavagna il primo compito affinché esso sia chiaro prima che i discenti comincino a guardare il testo. Quindi annunciate il tempo a disposizione.

– Invitate gli studenti ad aprire il libro e a leggere. Mentre lo fanno, tenete d'occhio l'orologio in modo da poter rispettare i tempi da voi stessi stabiliti.

– Scaduto il tempo, dite agli studenti di chiudere il libro (se qualcuno non lo fa, invitatelo gentilmente – magari scherzosamente – ma con fermezza a seguire l'esempio dei compagni). Formate quindi delle coppie e chiedete agli studenti di scambiarsi le informazioni (sempre in base al compito ricevuto); invitateli a fare delle supposizioni ricorrendo anche alla fantasia ed alla propria esperienza di vita, ma senza rileggere il testo (se cogliete qualcuno a sbirciare intervenite, anche in questo caso con gentile – e magari scherzosa – decisione).

– Quando notate che alcune coppie hanno finito di parlare, richiamate l'attenzione di tutti e invitateli a leggere il testo ancora una volta (fissando un limite di tempo), poi invitate gli studenti ad un nuovo scambio di informazioni con il medesimo compagno (a libro chiuso).

– Seguendo le indicazioni delle consegne, alternate lettura e socializzazione (ricordando di stabilire un tempo massimo per la lettura, di formare ogni volta nuove coppie e di far chiudere il libro durante lo scambio) finché notate che c'è uno scambio di informazioni reale e proficuo: ciò vale soprattutto per quelle lezioni in cui i testi sono un po' più lunghi.

Come nelle attività di ascolto, anche in questo caso evitate di chiedere agli studenti che cosa non hanno capito, bensì mettete in risalto ciò che hanno capito facendo notare come ci siano riusciti pur disponendo di conoscenze linguistiche ancora modeste e come, pian piano, siano in grado di affrontare letture sempre più impegnative e una gamma di generi testuali sempre più varia. Non fornite voi le soluzioni, ma cercate di ottenerle dagli studenti facendo esporre le varie ipotesi fino a giungere a una soluzione condivisa (se qualcuno fornisce subito quella giusta, chiedete comunque agli altri se siano d'accordo *prima* di dire che siete d'accordo anche voi).

Le produzioni

Come si è visto più sopra, ogni sequenza di attività basata su input orali o scritti prevede momenti di produzione. Nell'ottica di un approccio didattico orientato all'azione, ***Chiaro!*** dedica inoltre ampio spazio a compiti che prevedono l'interazione e collaborazione fra i discenti e richiedono l'impiego di diverse abilità combinate fra loro.

Compito individuale / di coppia o mini-gruppo
Incentrato di solito su un'abilità specifica. A conclusione di una sequenza basata su un input scritto si ha di regola una produzione scritta (come qui). Partendo da un input orale si avrà invece una produzione orale.

a Volete sperimentare anche voi il couchsurfing.
Preparate il vostro profilo per la pagina web. Compilate le seguenti rubriche:
informazioni generali, descrizione personale, lingue, interessi, musica / libri / film,
informazioni sul divano (e sulla casa).

b Leggete gli altri profili: da chi vorreste andare?
Trovate la persona adatta e chiedetele più informazioni sulla sua casa.

Compito di gruppo

Incentrato sull'uso integrato di diverse abilità, richiede l'interazione e la collaborazione fra i discenti e prevede la realizzazione di un 'prodotto' comune. Un'attività di questo tipo conclude ogni lezione. Compiti di gruppo si trovano inoltre nelle unità di ripetizione (vedi sotto: *Ancora più chiaro*).

Produzione orale

La tipologia delle produzioni orali è stata selezionata in base alle indicazioni del Quadro comune europeo per il livello A2. Gli obiettivi comunicativi previsti sono specificati nell'indice generale e nella prima pagina di ogni unità. Le produzioni sono sempre contestualizzate, legate al tema dell'unità e di tipo analogo all'input-modello. Sulla base di un certo input si ha, di solito, prima una produzione guidata e controllata (o un esercizio di tipo comunicativo) e più avanti una produzione libera vera e propria. Alcune hanno un'impostazione più pragmatica, come quando si tratta per esempio di informarsi sugli orari ferroviari o di chiedere consigli per una gita fuori porta (lezione 2), altre invece coinvolgono lo studente in modo più personale, altre ancora hanno una connotazione ludica. Si è cercato comunque di offrire una gamma abbastanza ampia di attività orali nella convinzione che sia necessario invitare lo studente ad esprimersi fin dal principio nella lingua che sta studiando, per quanto scarse o addirittura minime possano essere le sue conoscenze. Sarà, infatti, proprio lo sforzo che compirà per raggiungere un determinato obiettivo comunicativo con i suoi modesti mezzi a consentirgli di acquisire progressivamente sicurezza e scioltezza nell'uso della lingua. Per poter raggiungere tale scopo lo studente deve avere la possibilità di esprimersi liberamente, senza sentirsi controllato o valutato dall'insegnante: solo così infatti troverà il coraggio di 'fare esperimenti', commettendo errori e riformulando quanto detto. Sarà bene evidenziare con chiarezza questo punto facendo una netta distinzione fra le produzioni che richiedono correttezza morfosintattica e prevedono dunque una correzione 'ufficiale' e le produzioni libere: queste ultime non prevedono la partecipazione dell'insegnante, che dovrà limitarsi ad organizzare l'attività (per esempio formando le coppie o i gruppi in maniera oculata), fissare il tempo per lo svolgimento e tenersi a disposizione come consulente. Dopo aver dato il via all'attività, provvederete perciò a sistemarvi in un punto dell'aula che vi consenta di non disturbare il lavoro degli studenti e di segnalare, nel contempo, la vostra disponibilità a rispondere a qualsiasi domanda.

Per lo svolgimento seguite dunque le istruzioni del manuale e le indicazioni della presente Guida, ricordando di dire agli studenti che possono rivolgersi a voi in qualsiasi momento a patto che lo facciano in italiano.

Produzione scritta

La tipologia delle produzioni scritte è stata selezionata in base alle indicazioni del Quadro comune europeo, che per questa competenza prevede, a livello A2, obiettivi più modesti rispetto a quelli previsti per la produzione orale. Tali obiettivi sono specificati nell'indice generale e nella prima pagina di ogni unità. Le produzioni sono sempre contestualizzate, legate al tema della lezione e di tipo analogo all'input-modello.

Procedimento

La produzione scritta chiede allo studente di mettere in gioco le proprie conoscenze linguistiche con una precisione ed un'accuratezza maggiori rispetto alla produzione orale. Essa richiede anche un livello di progettazione più alto e dunque più tempo. ***Chiaro! A2*** presenta perciò un approccio molto graduale a quest'attività e la propone spesso all'interno dei compiti di gruppo (vedi sotto), in modo da sfruttare al massimo la collaborazione fra compagni di corso. Questo tipo di collaborazione può essere favorito svolgendo la correzione in classe con il seguente procedimento:

– formate delle coppie, appena possibile (cioè appena cominciate a conoscere un po' gli studenti), non a caso: fate in modo di mettere insieme due persone che si possano realmente aiutare (per esempio evitando eccessivi dislivelli e tenendo conto della dinamica di gruppo);
– invitate i partner a leggere insieme i loro testi, prima uno e dopo l'altro;
– dite che ognuno ha il compito di fare delle proposte per il miglioramento del testo scritto dal partner, il quale, a sua volta, dovrà riflettere per decidere se accettare o no tali proposte;
– specificate che sono ben gradite vivaci discussioni sui consigli dati e che se i partner non riescono a mettersi d'accordo possono interpellare voi come 'arbitri';
– sistematevi in un punto dell'aula che vi consenta di non disturbare il lavoro delle coppie e di segnalare, nel contempo, la vostra disponibilità a rispondere a qualsiasi domanda.

Le produzioni scritte individuali si potranno svolgere in classe o assegnare come compito a casa. Seguite comunque le istruzioni del manuale e le indicazioni della Guida tranquillizzando gli studenti circa il prodotto da realizzare: stanno facendo degli 'esperimenti linguistici', ciò che conta è soprattutto lo sforzo volto ad attivare tutte le proprie conoscenze per raggiungere un determinato obiettivo. In quanto esperimento, il risultato non potrà essere perfetto, ma si può imparare a scrivere solo scrivendo. Per favorire la distensione potrete mettere un sottofondo musicale a basso volume, dopo aver chiesto agli studenti se non li disturba.

Compiti di gruppo

Le attività di questo tipo, che prevedono l'uso integrato di diverse abilità, hanno una funzione 'riassuntiva', perciò si trovano normalmente alla fine della lezione e prevedono in genere due fasi di lavoro: prima la realizzazione di un 'prodotto' in gruppo e poi la presentazione del risultato in plenum. Per lo svolgimento seguite le indicazioni del manuale e della presente Guida avendo cura di formare i gruppi in maniera oculata. Coordinate i lavori con particolare puntiglio organizzando anche lo spazio in maniera opportuna affinché tutti i gruppi possano lavorare alacremente senza però disturbarsi a vicenda. Mentre gli studenti 'producono' potrete mettere una musica di sottofondo e vi sistemerete, come sempre, in un punto dell'aula che vi consenta di non disturbare il lavoro e di segnalare, nel contempo, la vostra disponibilità a rispondere a qualsiasi domanda. Prestate poi particolare attenzione alla presentazione dei prodotti realizzati, secondo le modalità di volta in volta previste, tenendo debito conto della conformazione dell'aula e dedicando a questa fase abbastanza tempo: per i discenti si tratta di un appuntamento fisso che segna il raggiungimento di un traguardo nel processo d'apprendimento ed è importante che ciò venga messo in evidenza. Fate dunque in modo che sia un momento di condivisione e di gratificazione per il lavoro svolto, creando un'atmosfera rilassata e sottolineando i progressi compiuti.

La grammatica

La progressione grammaticale di *Chiaro!* è 'dolce' e prevede la trattazione dei temi a più riprese, in modo da garantire un ampliamento graduale e accessibile anche a discenti che non abbiano grande dimestichezza con lo studio della grammatica. Le strutture morfosintattiche vengono presentate in forma contestualizzata, cioè partendo dai testi e tenendo conto delle esigenze comunicative dei discenti. Per questo motivo, alcuni elementi vengono presentati dapprima solo dal punto di vista lessicale, in modo che gli alunni possano rapidamente impadronirsi di espressioni e funzioni utili alla comunicazione.

Input
Si parte da un testo (qui scritto).

Analisi funzionale
Individuandone la funzione comunicativa,
il discente si concentra sugli elementi che
poi verranno analizzati dal punto di vista
grammaticale.

Analisi grammaticale guidata
Sempre in collaborazione con un compagno,
il discente analizza gli elementi evidenziati.

Formulazione di una regola
Sulla base dell'analisi precedente il discente
formula una regola, seguendo una traccia
che lo guida.

Applicazione pratica
I discenti vengono subito invitati a mettere
in pratica le strutture appena scoperte in
esercizi guidati di tipo comunicativo e/o
ludico.

Produzione libera
Le strutture trovano poi applicazione in
produzioni più libere.

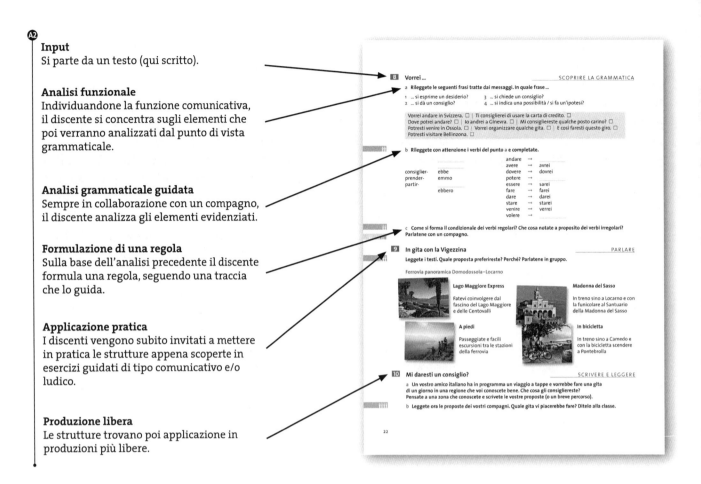

Procedimento

Le fasi di lavoro appena illustrate vanno svolte
nell'ordine previsto, seguite perciò le indicazioni
del libro tenendo conto delle precisazioni fornite
dalla Guida nelle pagine dedicate alle singole
lezioni. Per la fase di formulazione di una regola invitate gli studenti a lavorare in coppia. Poi
fatevi dettare la soluzione e trascrivetela nel
testo che avrete riprodotto su lucido (o copiato
alla lavagna). La classe intera avrà il compito
di controllare la correttezza di ciò che si andrà
scrivendo. Chi non è d'accordo dovrà fare contro-
proposte. Se ci sono divergenze (o se c'è totale
accordo su soluzioni sbagliate: in tal caso direte
che non siete d'accordo voi), guidate gli studenti
nel ragionamento fino a farli giungere ad una
versione condivisa e corretta. Date voi la soluzione solo se proprio nessuno riesce a fornirla e
lodate lo sforzo compiuto anche nei casi in cui
vengano proposte soluzioni sbagliate.
Gli specchietti *Grammatica*, che evidenziano
elementi morfosintattici, sono concepiti essen-

zialmente come agili strumenti di consultazione
per gli studenti (per esempio durante le produzioni), NON come luogo deputato alla spiegazione
delle regole.
Mettono a fuoco la grammatica anche la pagina
Grammatica e comunicazione alla fine di ogni
unità (vedi *Struttura delle unità*), le tabelle dei
verbi all'interno della copertina e la grammatica
sistematica a pp. 188–206, dove la morfosintassi
viene trattata in modo 'compatto', cioè in base
ai temi e non in base all'ordine in cui essi compaiono nelle lezioni (cui però si rimanda con un
apposito pittogramma): in tutti i casi si tratta di
pagine destinate essenzialmente alla consultazione e non al lavoro in classe.
Ulteriori strumenti di lavoro per l'insegnante e
per il discente si trovano nel CD-ROM (vedi *I CD*).

Il lessico

Nell'ambito di una progressione 'dolce', ***Chiaro! A2*** dedica molto spazio ad attività incentrate sul lessico. Esse compaiono tanto in fasi di pre-ascolto / pre-lettura quanto in fasi di analisi dei testi e in fasi di ampliamento. Le attività di questo tipo, hanno, di volta in volta, diverse funzioni. Per lo svolgimento seguite le indicazioni del manuale e della presente Guida.

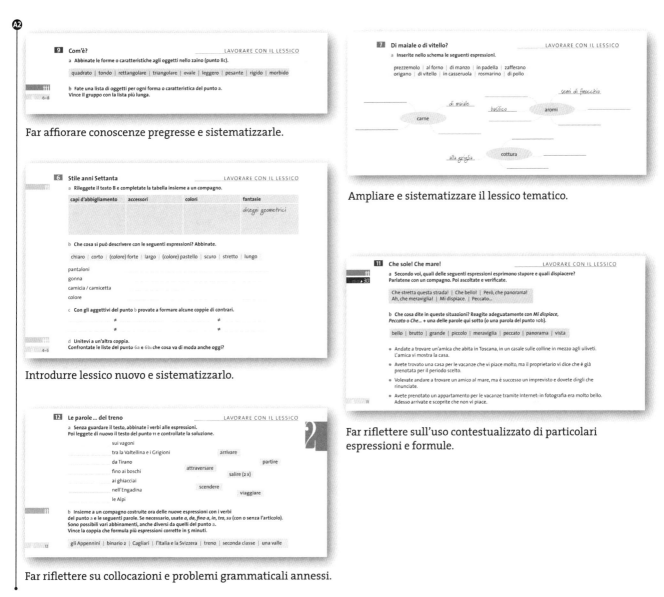

Far affiorare conoscenze pregresse e sistematizzarle.

Introdurre lessico nuovo e sistematizzarlo.

Far riflettere su collocazioni e problemi grammaticali annessi.

Ampliare e sistematizzare il lessico tematico.

Far riflettere sull'uso contestualizzato di particolari espressioni e formule.

Pur essendo concepite per assolvere di volta in volta a una funzione specifica, le attività legate al lessico hanno in comune un obiettivo a lungo termine: far sì che gli studenti si abituino a lavorare non su singoli vocaboli, ma su unità di significato, cioè combinazioni di parole che acquistano un senso in base al contesto e al modo in cui gli elementi vengono combinati. A tale meta ci si avvicinerà a piccoli passi, ma è importante mettersi in cammino sin dal principio perché solo così il discente avrà la possibilità di crearsi pian piano l'abito mentale adatto ad affrontare il percorso. Le attività incentrate sul lessico non vanno dunque considerate singolarmente, ma come tessere di un mosaico che si estende lungo tutti e tre i volumi di ***Chiaro!*** Il discente potrà inoltre costruirsi un percorso individuale usando il CD-ROM e il programma *phase-6* (vedi link in quarta di copertina).

Gli stimoli visivi

Chiaro! A2 è ricco di stimoli visivi (foto, disegni, documenti autentici, pubblicità) che non hanno una pura funzione decorativa, ma sono concepiti come veri e propri strumenti didattici. Una riflessione su questo tema corredata da alcuni suggerimenti pratici si trova nel paragrafo dedicato alla pagina iniziale dell'unità (vedi *Struttura dell'unità*).

Ulteriori indicazioni metodologiche per i singoli casi si trovano nella guida didattica.

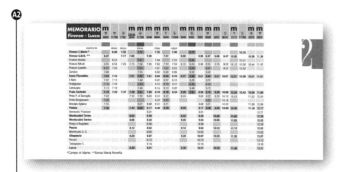

Documenti autentici
Aiutano ad orientarsi e a muoversi con disinvoltura in situazioni comunicative tipiche della vita quotidiana.

Pubblicità
Consente un incontro con l'italianità, stimola la fantasia e favorisce un approccio 'leggero' alla lettura.

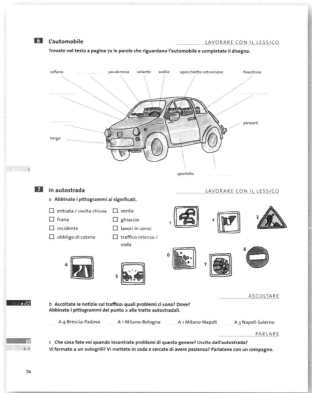

Illustrazioni
Disegni e foto forniscono la base per attività lessicali di vario tipo.

LA STRUTTURA DEL VOLUME

Ogni volume di *Chiaro!* contiene

- 10 lezioni di 10–12 pagine ciascuna
- un eserciziario integrato
- 3 unità di ripetizione *(Ancora più chiaro)*
- 3 test
- una grammatica sistematica
- un glossario suddiviso per lezioni
- un glossario alfabetico
- una griglia di comparazione fra il *Quadro comune di riferimento* e i contenuti del libro
- un fascicolo con le soluzioni delle attività contenute nell'eserciziario
- una tabella con le coniugazioni verbali

Chiaro! A2 contiene inoltre una pagina dedicata al lessico utile per la comunicazione in classe (p. 8, *Gli oggetti della classe*).

LA STRUTTURA DELLE UNITÀ – IN SINTESI

Manuale
Ogni unità è costituita da 10–12 pagine costantemente articolate nel seguente modo:

- **pagina iniziale** con gli obiettivi didattici, una foto e un'attività introduttiva
- **6–8 pagine** con input orali e scritti, esercizi di fissaggio e attività comunicative
- **pagina interculturale** con attività dedicate al dialogo fra le culture
- **pagina di sintesi** delle strutture grammaticali e funzioni comunicative
- **pagina Portfolio** con test di autovalutazione e strategie di apprendimento

Eserciziario
Ogni unità è costituita da 6 pagine che contengono i seguenti elementi:

- **numerosi e vari esercizi** di consolidamento delle funzioni comunicative, del lessico tematico e degli elementi morfosintattici introdotti nell'unità
- **ascolti** supplementari
- **regole di fonetica** ed esercizi per la pronuncia
- **dossier** con attività ispirate ai temi della lezione

Elementi grafici caratterizzanti

- I seguenti **simboli** aiutano ad orientarsi fra le varie parti del volume:

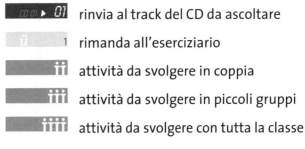

- **CD 01 ▶ 01** rinvia al track del CD da ascoltare
- **1** rimanda all'eserciziario
- **ii** attività da svolgere in coppia
- **iii** attività da svolgere in piccoli gruppi
- **iiii** attività da svolgere con tutta la classe

  → 5.1 nella pagina *Grammatica e comunicazione* rimanda alla grammatica sistematica

  nel *Portfolio* rimanda alle attività del manuale

▶ Nelle unità del manuale ricorrono inoltre i seguenti specchietti:

Lingua
Evidenzia particolarità lessicali.

Grammatica
Evidenzia particolarità morfosintattiche.

► **La pagina iniziale**

La prima pagina di ogni unità è costituita da quattro elementi:

Una suggestiva **foto**, che aiuta il discente a 'trasferirsi' idealmente in Italia e costituisce la base per l'attività introduttiva.

Il **titolo**, che chiarisce il tema centrale dell'unità.

L'attività introduttiva abbinata alla foto, che serve ad entrare in tema.

Gli **obiettivi didattici** principali dell'unità, che rendono il discente fin dall'inizio consapevole e partecipe del processo di apprendimento. Essi ricompaiono nel test di autovalutazione alla fine dell'unità, in modo da chiudere il cerchio.

La pagina iniziale in classe

La pagina iniziale è concepita principalmente come introduzione al tema dell'unità; ciò non toglie che la fotografia si possa usare anche più tardi, per esempio per ripetere il lessico o per attività di produzione.

La foto, che occupa tre quarti della pagina, e l'attività *Per iniziare* costituiscono un tutt'uno che persegue essenzialmente due obiettivi: motivare e facilitare.

Motivare

L'obiettivo primario è quello di favorire la motivazione facendo appello ai fattori di carattere emotivo-affettivo che influenzano l'apprendimento, infatti

- l'immagine crea un'atmosfera e permette così al discente di 'uscire' dall'aula per trasferirsi in Italia.

- lo stimolo visivo, caratterizzato da colori e movimento, libera la fantasia e aiuta così anche i discenti tendenzialmente meno creativi.

- la foto e l'attività ad essa abbinata chiamano in causa l'esperienza di vita e la conoscenza del mondo di cui i discenti dispongono, aumentando così il coinvolgimento personale.

- la pagina iniziale, nel suo complesso, fornisce implicitamente elementi di civiltà italiana che accrescono l'interesse del discente.

Facilitare

Il secondo obiettivo è quello di facilitare l'approccio al tema dell'unità e l'avvicinamento alle nuove strutture linguistiche, infatti

- l'atmosfera che si viene a creare contribuisce ad abbattere le 'barriere', a diminuire la paura del nuovo, cui si andrà incontro non con timore ma con curiosità.

- l'appello al vissuto e all'enciclopedia personale del discente attiva un meccanismo mentale che fa affiorare le conoscenze pregresse.

- l'attività introduttiva prevede spesso l'utilizzo della foto per l'attivazione di lessico rilevante costruendo così un 'ponte' di passaggio verso l'attività successiva.

- la pagina iniziale offre dunque un ingresso articolato e graduale nell'unità che il docente potrà ulteriormente arricchire 'modellandolo' sulle caratteristiche e sulle esigenze della classe.

Procedimento

Esistono molti modi per utilizzare la foto e l'attività iniziale: potrete, per esempio, trasformare la foto in un puzzle (fotocopiandola e ritagliandola opportunamente) o in un indovinello per la classe (coprendola e mostrandola a pezzi); oppure potrete fare perno sull'esperienza di vita dei discenti e/o sui loro ricordi personali; o ancora lavorare sulla fantasia e sulle libere associazioni... Nelle pagine dedicate alle singole unità troverete di volta in volta suggerimenti mirati, ma nulla v'impedisce di inventare altri procedimenti: l'importante è che teniate sempre ben presenti i due obiettivi illustrati più sopra.

▶ Le pagine centrali

Le 6–8 pagine successive a quella iniziale sviluppano il tema centrale considerandone almeno due aspetti, che schematicamente possiamo riassumere in questo modo:

1	*L'italiano è bello!*	→ Studiare l'italiano – La lingua italiana
2	*Viaggiare in treno*	→ Informarsi alla stazione – Gite fuori porta
3	*Epoche e mode*	→ La moda – Usi e costumi nel passato
4	*Il ritmo della vita*	→ La musica – Sogni di gioventù
5	*Cibo come cultura*	→ Un 'evento gastronomico' – Cibo e stili di vita
6	*Imprevisti delle vacanze*	→ Imprevisti al mare – La salute in vacanza
7	*Vacanze in macchina*	→ Viaggiare in autostrada – Presentare una denuncia
8	*E tu come t'informi?*	→ I media – Il futuro della carta stampata
9	*La vacanza è di casa*	→ Un alloggio per le vacanze – Vacanze alternative
10	*L'Italia in festa*	→ Feste cittadine – Un mercatino di Natale

Queste 6–8 pagine
- servono a introdurre, analizzare e riutilizzare il lessico, le funzioni comunicative e le strutture morfosintattiche contestuali al tema centrale e ai sottotemi trattati.
- presentano input orali e scritti opportunamente alternati.
- contengono esercizi di fissaggio guidati, attività comunicative libere, giochi.

- consentono di esercitare tutte e quattro le abilità linguistiche.
- iniziano sempre con l'attività 2 e si concludono sempre con un compito finale, da svolgere in piccoli gruppi o con tutta la classe, che mira a riprendere e riutilizzare tutto ciò che si è imparato nel corso dell'unità mettendo in gioco in modo integrato diverse abilità linguistiche.
- presentano una struttura che consente a docenti e discenti di orientarsi facilmente:

Orientarsi con i colori
Ogni lezione è caratterizzata da un certo colore che si ritrova non solo nel riquadro con il numero dell'unità al margine della pagina, ma anche in tutti gli elementi grafici strutturanti (numerazione delle attività, sottopunti, pittogrammi ecc.).

Chiara strutturazione delle attività
I sottopunti sono chiaramente indicati ed evidenziati tramite il colore.

Modalità di lavoro e forme di cooperazione
Quest'indicazione
- facilita al docente la preparazione della lezione e la gestione della classe.
- aiuta il discente a orientarsi anche in caso di attività movimentate.

Rimando all'eserciziario
Constante indicazione degli esercizi che si possono svolgere fino a questo punto.

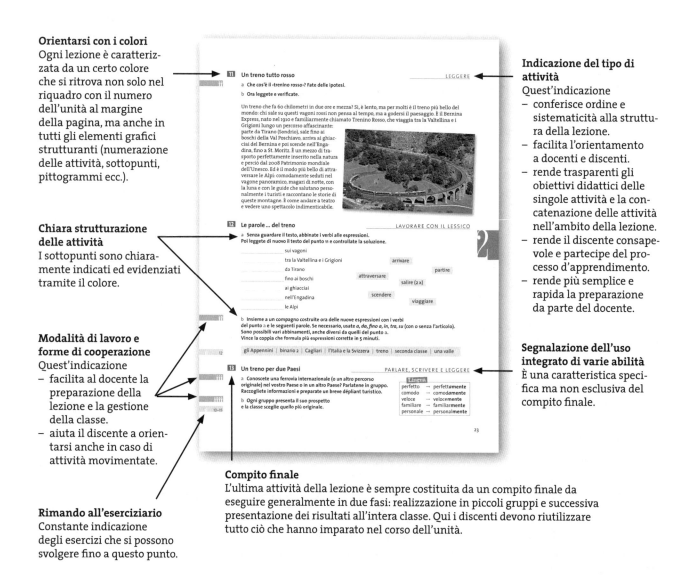

Indicazione del tipo di attività
Quest'indicazione
- conferisce ordine e sistematicità alla struttura della lezione.
- facilita l'orientamento a docenti e discenti.
- rende trasparenti gli obiettivi didattici delle singole attività e la concatenazione delle attività nell'ambito della lezione.
- rende il discente consapevole e partecipe del processo d'apprendimento.
- rende più semplice e rapida la preparazione da parte del docente.

Segnalazione dell'uso integrato di varie abilità
È una caratteristica specifica ma non esclusiva del compito finale.

Compito finale
L'ultima attività della lezione è sempre costituita da un compito finale da eseguire generalmente in due fasi: realizzazione in piccoli gruppi e successiva presentazione dei risultati all'intera classe. Qui i discenti devono riutilizzare tutto ciò che hanno imparato nel corso dell'unità.

▶ Culture a confronto

Questa pagina è specificamente dedicata all'interculturalità. Non si tratta, infatti, della classica rubrica che riguarda gli usi e i costumi d'Italia, ma di una serie di attività contestualizzate che consentono al discente di mettere la cultura italiana in relazione con la propria cultura d'origine al fine di individuare differenze e somiglianze. In questo modo si va oltre la pura trasmissione e conoscenza di informazioni socio-culturali: il discente potrà rapportare il proprio 'mondo' al 'mondo' degli italiani per riflettere su entrambi, rendendosi conto, fra l'altro, anche dei reciproci stereotipi (consapevolezza interculturale). La coscienza delle somiglianze e delle differenze fra le due culture consentirà inoltre al discente di muoversi con maggiore disinvoltura in Italia evitando anche le tipiche "trappole" che lo possono indurre a comportarsi in modo inadeguato o a commettere una gaffe (competenza interculturale).

Contestualizzazione
Partendo dai temi trattati nell'unità, si mette a fuoco di volta in volta un aspetto o una situazione rilevante dal punto di vista interculturale.

Immagini
Disegni, foto e documenti autentici di altro tipo facilitano la comprensione, liberano la fantasia, 'sciolgono' la lingua e favoriscono la comunicazione.

Dialogo e confronto
Si invitano i discenti a discutere mettendo a confronto la cultura italiana con la cultura d'origine. Quest'attività risulterà ancora più ricca di spunti se in classe saranno presenti persone di diverse nazionalità.

Procedimento
Le attività verranno svolte dapprima dagli studenti, in coppia o in gruppo, seguendo le indicazioni del manuale. Alla fine riprenderete la guida della classe per concludere l'attività in plenum: raccoglierete i risultati del lavoro di gruppo affinché diventi patrimonio comune (e magari fonte di ulteriori discussioni e approfondimenti), chiarirete eventuali dubbi, fornirete altre informazioni ecc. Poiché lo sviluppo della competenza interculturale è parte integrante della formazione linguistica, *Chiaro! A2* propone queste attività in lingua italiana; spetterà tuttavia a voi valutare la necessità di eventuali chiarimenti nella lingua madre dei discenti. Informazioni specifiche sui temi trattati si trovano in questa Guida nelle pagine dedicate alle singole lezioni.

▶ Grammatica e comunicazione

Questa pagina riassume schematicamente tutte le strutture linguistiche comparse nel corso dell'unità ed è concepita come strumento di rapida consultazione; le spiegazioni vere e proprie si trovano invece nella grammatica sistematica alle pp. 188–206 . All'inizio del corso informate dunque gli studenti che queste pagine sono destinate principalmente allo studio autonomo e illustratene la struttura.

Strutture morfosintattiche
Le tabelle presentano in forma compatta e schematica tutti gli elementi morfosintattici introdotti nel corso della lezione.

Rimando alla grammatica sistematica
Consente agli studenti di trovare facilmente le spiegazioni grammaticali relative ai vari argomenti.

Funzioni comunicative
Qui si riassumono, con alcuni esempi, le funzioni comunicative presentate nel corso dell'unità.

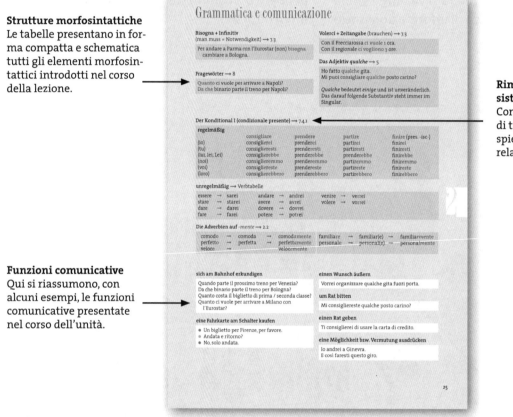

▶ Imparare a imparare: la pagina del Portfolio

Nell'ultima pagina di ogni unità sono più evidenti che altrove le tracce del *Quadro comune di riferimento* e del *Portfolio europeo delle lingue*.

Qui lo studente è chiamato a fermarsi un attimo per 'fare il punto' sul suo processo di apprendimento prima di andare avanti. Ogni pagina di questo tipo contiene due rubriche, ognuna delle quali svolge una specifica funzione.

Autovalutazione
Qui vengono elencati gli obiettivi d'apprendimento più importanti di ogni unità in modo che il discente possa valutare se li ha raggiunti oppure no, documentando la sua valutazione con una crocetta sotto l'apposita faccina. Nell'ultima colonna a destra, sotto il simbolo del libro, si trova il rimando all'attività del manuale in cui viene trattato l'argomento in questione, in modo che lo studente possa ripeterlo, se lo ritiene opportuno.

Strategie di apprendimento
Questa rubrica è dedicata alla riflessione sulle strategie e abilità di studio. Attraverso le 10 unità del volume si snoda così un'articolata riflessione volta a sviluppare la capacità di imparare, che è fondamentale ai fini dell'autonomia del discente. In **Chiaro! A2** tale riflessione è centrata sulle intelligenze multiple. Poiché l'utente di livello A2 possiede conoscenze linguistiche ancora elementari, si userà la sua lingua madre al fine di garantire il necessario approfondimento delle tematiche.
Le attività si articolano in due fasi:

partendo da un esempio pratico lo studente viene guidato nella riflessione individuale su una particolare strategia o abilità.

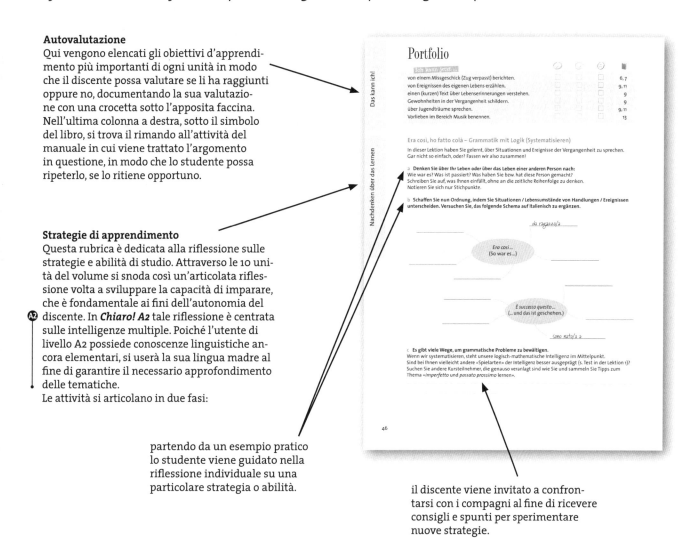

il discente viene invitato a confrontarsi con i compagni al fine di ricevere consigli e spunti per sperimentare nuove strategie.

Procedimento
Autovalutazione: Spiegate bene la funzione di queste attività perché è importante che non vengano vissute come un esame, ma come un momento di crescita nell'apprendimento. Create dunque un'atmosfera rilassata, magari con musica di sottofondo, e introducete l'autovalutazione, sottolineando che ha lo scopo di aiutare il singolo discente a fare il punto della situazione, per verificare che cosa ha imparato finora e che cosa sarebbe meglio ripetere. Dite che in quanto *auto-*

valutazione, non verrà commentata da nessuno, ma lo studente potrà, sulla base dei risultati e se lo vorrà, chiedere consigli all'insegnante (a tu per tu). Lasciate quindi agli studenti abbastanza tempo per pensare.
Strategie: Seguite le indicazioni del manuale tenendo conto delle precisazioni che troverete di volta in volta nelle pagine della Guida dedicate alle singole lezioni. Dedicatevi tutto il tempo necessario a far sì che vengano svolte con tranquillità in un clima di condivisione e aiuto reci-

proco. Prima di proporre questa pagina in classe, riflettete voi stessi soprattutto sulle strategie per prepararvi a rispondere a eventuali domande e a fornire, se necessario, ulteriori suggerimenti.

A2 Tenete presente che in *Chiaro! A2* il filo conduttore di questa rubrica è quello delle intelligenze multiple: leggete dunque con particolare attenzione le pagine della Guida dedicate al Portfolio della prima unità, che presenta un test specifico. La pagina del Portfolio si può utilizzare anche tramite il CD-ROM (vedi *I CD*).

ANCORA PIÙ CHIARO

Chiaro! A2 presenta 3 unità di ripasso: dopo la quarta, dopo la settima e dopo la decima lezione. Ognuna di esse si compone di due elementi: un compito da eseguire in piccoli gruppi o con tutta la classe e un gioco.

- Nella prima parte c'è sempre un **compito** (costituito da una sequenza di attività) contestualizzato e legato ai contenuti delle unità precedenti. Qui i discenti devono interagire e collaborare – mettendo in gioco diverse abilità linguistiche 'integrate' fra loro – per ottenere un risultato comune. In questo modo ripasseranno non solo il lessico, le funzioni comunicative e la grammatica apprese finora, ma anche gli aspetti socioculturali trattati nelle lezioni di riferimento. A conclusione dell'attività si avrà un prodotto realizzato dal gruppo e scritto nell'apposita pagina, quale tangibile prova del lavoro svolto.

Procedimento
Seguite le indicazioni del manuale avendo cura di formare i gruppi in maniera oculata. Coordinate i lavori con particolare puntiglio organizzando anche lo spazio in maniera opportuna affinché tutti i gruppi possano lavorare alacremente senza però disturbarsi a vicenda. In questa fase sistematevi in un punto dell'aula che vi consenta di non disturbare il lavoro e di segnalare, nel contempo, la vostra disponibilità a rispondere a qualsiasi domanda. Se volete, potete mettere una musica di sottofondo.

Prestate poi particolare attenzione alla presentazione dei prodotti realizzati, secondo le modalità di volta in volta previste, tenendo debito conto della conformazione dell'aula e dedicando a questa fase abbastanza tempo: per i discenti si tratta di un appuntamento fisso che segna il raggiungimento di un traguardo nel processo d'apprendimento ed è importante che ciò venga messo in evidenza. Fate dunque in modo che sia un momento di condivisione e di gratificazione per il lavoro svolto, creando un'atmosfera rilassata e sottolineando i progressi compiuti.

- Nella seconda parte c'è un **gioco** da fare in gruppo con pedine e dadi messi a disposizione dall'insegnante. In *Chiaro! A2* le istruzioni sono in italiano, ma ricalcano esattamente quelle del primo volume e sono identiche per tutti i ripassi. Inoltre, le indicazioni contenute nelle caselle prive di compito linguistico sono ora formulate all'imperativo perché questo modo verbale verrà introdotto nel corso del volume. Il principio è quello classico del gioco dell'oca, ma – come nella prima attività di ripasso – anche qui l'idea guida è quella del **compito** da eseguire per poter procedere e raggiungere il traguardo: si avrà così una ripetizione ludica delle strutture lessicali e morfosintattiche apprese nelle lezioni precedenti.

Procedimento
Dividete la classe in gruppi, consegnate dadi e pedine, fate leggere le regole accertandovi che siano chiare (sono sempre uguali) e dite agli studenti quanto tempo hanno a disposizione. Sistematevi poi in un punto dell'aula che vi consenta di non disturbare il gioco e di segnalare, nel contempo, la vostra disponibilità a rispondere a qualsiasi domanda.

L'ESERCIZIARIO

Dopo le 10 unità si trova l'*Eserciziario* (pp. 124–187), concepito essenzialmente per lo studio autonomo a casa, ma adatto anche ad integrare le attività svolte in classe. Nelle pagine del manuale troverete costantemente i rimandi agli esercizi da abbinare alle attività che state svolgendo.

Ogni unità dell'*Eserciziario* è costituita da 6 pagine. Le prime 5 seguono la progressione della corrispondente unità del manuale presentando numerosi esercizi di consolidamento delle funzioni comunicative, del lessico e degli elementi morfosintattici introdotti nell'unità, nonché esercizi di lettura e di scrittura. Tutti gli esercizi sono concepiti in modo che lo studente li possa svolgere autonomamente a casa, correggendoli poi da solo grazie alle soluzioni riportate nell'apposito fascicolo. La contestualizzazione e la varietà degli esercizi sono studiate per rendere piacevole e motivante lo studio individuale a casa. L'eserciziario offre inoltre la possibilità di esercitare la comprensione auditiva con alcune registrazioni che si possono ascoltare con il CD-ROM; in questo caso il discente ha a disposizione anche le trascrizioni, che troverà a pp. 242–245 del libro. L'ultima pagina di ogni lezione contiene due rubriche:

• Fonetica
Qui vengono trattati alcuni importanti fenomeni della fonetica italiana, scelti fra quelli che normalmente creano maggiori difficoltà ai discenti stranieri e segnalati nell'indice generale. Gli esercizi proposti in ***Chiaro! A2***, da svolgere con il CD-ROM, sono da intendersi come prosecuzione del lavoro sulla pronuncia e sull'intonazione già avviato nel primo volume. Anche se le attività che riguardano la fonetica si trovano nell'eserciziario, nulla vi impedisce di utilizzarle in classe nel momento che riterrete più opportuno. In ogni caso, prima di assegnare tali esercizi, accertatevi che i vostri allievi capiscano la trascrizione di quei suoni per i quali si sono usati simboli dell'alfabeto fonetico.

• Dossier
In linea con i principi del *Portfolio europeo delle lingue*, si invita il discente a raccogliere i lavori che riesce a realizzare in lingua italiana. Questa pagina propone a tal fine attività di vario tipo legate al tema centrale dell'unità. I quadretti invitano alla scrittura, ma non offrono spazio sufficiente: esortate perciò gli studenti ad archiviare questi esercizi in un apposito quaderno, meglio se ad anelli, e/o lavorando con il CD-ROM (vedi *I CD*). Ne uscirà un dossier personale che costituirà per il discente una documentazione cronologica dei progressi compiuti e quindi una prova tangibile dei piccoli e grandi successi conseguiti nell'apprendimento dell'italiano. Esso potrebbe, inoltre, rivelarsi utile se uno studente vorrà presentare domanda per una borsa di studio o un posto di lavoro poiché gli consentirà di dimostrare concretamente quali compiti sa svolgere in lingua straniera.

Il Dossier è previsto come compito da eseguire autonomamente a casa, per evidenziarne l'utilità si potrà però chiedere agli studenti di portarlo poi in classe per correggerlo insieme a un compagno con il metodo illustrato più sopra (vedi *Produzione scritta*).

I test

Dopo la quarta, la settima e la decima lezione l'*Eserciziario* presenta un test di ripasso che offre al discente l'occasione di mettersi alla prova e verificare le proprie conoscenze. Diversamente da quanto avviene nelle unità di ripasso del manuale (vedi *Ancora più chiaro*), qui è previsto che il singolo discente lavori in piena autonomia per cui si propone un test a scelta multipla.

Le chiavi

Le soluzioni di tutte le attività e dei test si trovano in un apposito fascicolo allegato al libro.

I CD

Ogni volume di *Chiaro!* contiene 2 CD: un normale CD audio e un CD-ROM.

▶ Il CD audio

Il CD audio (indicato nel libro come CD 01) contiene tutti i dialoghi e i testi auditivi delle lezioni del manuale. Il simbolo CD 01 ▶ 15 in margine alla pagina rinvia al track da ascoltare (nell'esempio: CD audio, track 15).

▶ Il CD-ROM per il discente

Il CD-ROM per il discente (indicato nel libro come CD 02) contiene

* gli ascolti dell'eserciziario e gli esercizi di fonetica: il simbolo CD 02 ▶ 15 in margine alla pagina rinvia al track da ascoltare (nell'esempio: CD-ROM, track 15). Il CD-ROM si usa in tal caso come un normale CD audio.
* la grammatica sistematica (pdf + word)
* il vocabolario del manuale (pdf + excel + word)
* le pagine del Portfolio, che contengono anche il Dossier.

Il CD-ROM permette al **discente** di organizzare lo studio dell'italiano in maniera flessibile e individuale. Egli infatti potrà

* *scaricare* i testi audio per ascoltarli dovunque e in qualsiasi momento con un lettore MP3.
* *stampare* i file in formato pdf per portare con sé anche singole pagine da studiare (in treno, in autobus, dal medico...).
* *rielaborare* i file in formato word in modo da personalizzarli, per esempio organizzando il vocabolario in maniera più consona al proprio metodo di studio o aggiungendo degli esempi. Oppure ampliando la rubrica delle strategie di apprendimento contenuta nel Portfolio per tracciare un percorso di studio individuale. O ancora aggiungendo esempi, traduzioni, pre-

cisazioni e note nella grammatica sistematica per costruire la propria grammatica personalizzata.
* *archiviare* i compiti realizzati per il dossier.

Il CD-ROM offre anche al docente la possibilità di realizzare attività supplementari (per esempio esercizi per il consolidamento del lessico) o di preparare dei lucidi di grammatica.

PRIMA DI ANDARE IN CLASSE

L'insegnamento di una lingua straniera vive di comunicazione, che può essere influenzata positivamente o negativamente da molti fattori. Gli utenti-modello di *Chiaro! A2* sono adulti che generalmente arrivano al corso d'italiano dopo una giornata piena d'impegni e con la mente occupata da mille pensieri, il che può facilmente indurli ad una certa distrazione e passività, nemiche giurate della comunicazione: il primo compito che dovrete affrontare all'inizio della lezione sarà dunque quello di destare e 'catturare' l'attenzione degli allievi 'traghettandoli' verso i suoni e l'universo della lingua italiana. Inoltre nel vostro corso potrebbero esserci persone che non hanno studiato altre lingue straniere, persone che da tempo non sono più abituate a studiare e a vestire i panni degli allievi, persone che provengono da altri corsi di italiano e devono integrarsi nel vostro gruppo, persone di età diverse, persone con motivazioni e interessi molto differenti: va da sé che la comunicazione si potrà realizzare solo in un clima favorevole. Una buona dinamica di gruppo e una bella intesa fra docente e discenti è indispensabile anche perché *Chiaro!* invita gli studenti a collaborare fra di loro e con l'insegnante per andare insieme alla scoperta della lingua: se non funziona l'atmosfera, è difficile che funzioni l'apprendimento. È pertanto consigliabile dedicare costante attenzione a questi aspetti, curando in modo particolare il primo approccio con la classe all'inizio del corso e le fasi di apertura e chiusura di ogni lezione.

Il primo approccio con la classe

Per i motivi appena illustrati, converrà investire del tempo per dare modo ai 'vecchi' corsisti di riprendere i contatti e ai nuovi di orientarsi nel gruppo, affinché la classe si amalgami e acquisti la capacità di fare 'gioco di squadra': l'affiatamento è la prima 'garanzia di lunga vita' di un corso per adulti. Curate dunque la disposizione dei banchi badando che tutti possano vedersi in faccia. Iniziate con un'attività rompighiaccio, cercando di non ripetere quelle che avete già svolto: potete, ad esempio, scrivere il vostro nome alla lavagna e poi rivolgervi ai corsisti in italiano salutandoli e dicendo come avete trascorso il periodo di pausa fra i semestri (basterà anche solo una breve frase tipo "Durante le vacanze sono andato in Italia"). Invitate quindi un discente a fare la stessa cosa e precisate che dovrà scrivere il proprio nome utilizzando una lettera del vostro. Così faranno via via tutti gli altri: otterrete in tal modo una sorta di 'cruciverba di nomi' che simboleggia la volontà della classe di lavorare unita. Infine, potete invitare gli studenti a scrivere il proprio nome sull'apposito cartellino che avrete scaricato dal sito Internet di *Chiaro!* (rubrica "Lehren"). Presentate poi il manuale, il CD, il CD-ROM per il discente, gli obiettivi didattici perseguiti e la metodologia, senza dilungarvi troppo nel caso in cui tutti abbiano già lavorato con *Chiaro! A1*. Se invece ci sono diverse persone che non conoscono il testo, potete usare la prima lezione per illustrare di volta in volta le modalità di esecuzione e lo scopo delle singole attività: è fondamentale che i discenti abbiano sempre chiaro che cosa devono fare e perché gli si propone una certa attività.

Per iniziare l'ora

Per i motivi citati più sopra è importante concedere ogni volta agli studenti qualche minuto per 'arrivare' al corso d'italiano anche mentalmente. Questi minuti iniziali potranno essere dedicati, per esempio, ad un'attività rompighiaccio e ad un ripasso da fare in coppia in modo da riprendere il filo del discorso: gli studenti potranno rivedere insieme il contenuto dell'ultima lezione e gli esercizi svolti a casa, sciogliendo eventuali dubbi, eventualmente con l'aiuto dell'insegnante. Un 'effetto secondario' di quest'attività è che l'insegnante, rispondendo alle richieste d'aiuto dei discenti, può instaurare un rapporto più diretto con i singoli anche se il gruppo è numeroso. A seconda dei casi, si potranno anche formare delle coppie in cui uno studente presente all'ultima lezione metterà al corrente un compagno assente in quell'occasione.

Per concludere

È consigliabile programmare i tempi di lavoro con una certa cura in base alle caratteristiche del gruppo in questione: si eviterà così di lasciare delle attività in sospeso. Così come un'accoglienza iniziale, sarebbe bene prevedere anche un congedo, cioè una fase finale in cui si tirano le somme del lavoro svolto e si annuncia come si proseguirà la volta successiva.

L'italiano in classe

Nella maggior parte dei casi la lingua comune dei vostri allievi sarà la loro lingua madre o quella del Paese in cui si trovano. In classe, tuttavia, si cercherà ormai di comunicare il più possibile in italiano. Il cartellino per il nome scaricabile attraverso il sito Internet di *Chiaro!* consentirà di avere sempre a portata di mano le espressioni più utili e potrà costituire, perciò, uno strumento efficace per favorire l'autonomia del discente. In *Chiaro! A2* le consegne delle attività sono formulate in italiano, fatta eccezione per la pagina del *Portfolio*, che prevede uno scambio di idee ed esperienze più approfondito, e per l'*Eserciziario*, che propone attività da svolgere in assenza del docente. Lo studio della grammatica è, a questo livello, ancora affidato alla lingua madre del discente: starà tuttavia a voi valutare la possibilità di ridurne progressivamente l'uso in maniera oculata, cioè tenendo conto delle caratteristiche del gruppo.

Le correzioni

«Sbagliando s'impara»: non è solo un modo di dire, ma un dato ormai acquisito nell'ambito della glottodidattica. Commettere errori, infatti, è normale, anzi addirittura necessario perché solo con la sperimentazione l'interlingua del discente – in continua evoluzione – potrà svilupparsi. Molti discenti però – e gli adulti in particolare – non amano quest'aspetto della sperimentazione, soprattutto perché temono la classica 'brutta figura' (in primo luogo di fronte a se stessi). È perciò importante evitare di correggere immediatamente ogni singolo errore, anche perché a livello A2, data la frequenza con cui gli errori vengono ancora commessi, significherebbe impedire che abbia luogo una reale comunicazione. Naturalmente si correggeranno gli errori in quegli esercizi in cui è richiesta correttezza morfosintattica perché tali attività sono mirate al fissaggio delle strutture introdotte, ma lo si farà possibilmente incoraggiando gli studenti ad autocorreggersi. Durante la libera comunicazione in plenum si correggeranno principalmente quegli errori che ostacolano la comunicazione stessa e/o che si ripetono ostinatamente, sorvolando sugli altri, e anche in questo caso con discrezione e incoraggiando i discenti ad autocorreggersi. Non si interverrà invece in alcun modo durante le produzioni orali libere che i discenti svolgeranno in coppia o in gruppo: lì dovrà regnare la più assoluta libertà. In tutti i casi, si metterà sempre in risalto ciò che gli studenti saranno riusciti a fare bene, facendo propria la filosofia del "can do" propugnata dal Quadro comune e recepita da *Chiaro!*

L'italiano è bello!

Temi: studiare l'italiano, la lingua italiana.

Obiettivi comunicativi: parlare di sé; discutere sull'apprendimento dell'italiano (esperienze, abitudini, preferenze); indicare interessi personali; esprimere e motivare un'opinione.

Grammatica e lessico: ripresa delle seguenti strutture: *piacere* con verbi e sostantivi, uso di *per* e *perché* per indicare causa e scopo, la preposizione *da* (temporale), pronomi oggetto indiretti atoni e tonici; strutture nuove: il verbo *interessare*; gli interrogativi temporali *Da quanto/quanti...?*; gli aggettivi numerali ordinali (1°–10°); il superlativo relativo.

Premessa: Questa lezione dovrà fare da 'ponte' tra il primo e il secondo volume di **Chiaro!** ed è quindi concepita in modo tale che la ripresa dei contatti fra i discenti e l'inserimento dei nuovi partecipanti si intreccino armonicamente con la ripetizione e l'approfondimento delle strutture linguistiche. Trattandosi della prima unità didattica che si svolge dopo una pausa di riposo, è volutamente 'leggera' allo scopo di facilitare il riavvicinamento alla lingua italiana e alla metodologia del corso.

1 Per iniziare

Obiettivi: riprendere i contatti, fare conoscenza e attivare conoscenze pregresse.

Procedimento: Servitevi di quest'attività per passare in modo naturale dalla fase introduttiva (vedi p. 29 della presente Guida) alla lezione vera e propria. Dividete dunque la classe in coppie, fate aprire il libro a p. 9 e invitate gli studenti a intervistarsi vicendevolmente sui temi suggeriti (visualizzati anche attraverso le foto), prendendo appunti per non dimenticare le informazioni ricevute. Lasciate loro circa 5 minuti per parlare (ma se vedete che hanno molto da raccontarsi, allungate pure i tempi), magari con una musica strumentale di sottofondo. Riportate poi l'attività in plenum e chiedete ad ognuno di presentare al gruppo il compagno intervistato.

Se ci sono parecchie persone nuove, prima di passare alla prossima attività spiegate la funzione del riquadro con gli obiettivi didattici (vedi p. 20, *La pagina iniziale*), il che vi consentirà di passare agilmente al tema del punto 2.

2 Che corso hai fatto?
(PARLARE)

Obiettivi: attivare conoscenze pregresse, esercitarsi a raccontare un'esperienza.

Procedimento: Dividete la classe in piccoli gruppi diversi da quelli del punto 1, fate leggere il compito e accertatevi che sia chiaro. Se sapete in anticipo che gli studenti hanno alle spalle esperienze di studio analoghe (per esempio hanno frequentato solo il vostro corso), dite loro che possono anche raccontarsi se, quando e come hanno avuto occasione di esercitare la lingua al di fuori del corso nonché parlare di esperienze relative ad altre lingue. Per lo svolgimento tenete presente quanto detto a p. 14 dell'Introduzione (*Produzione orale*).

3 Che cosa ci piace fare in classe?
(PARLARE)

Obiettivi: riprendere il discorso sugli stili di apprendimento, esercitarsi ad esprimere e motivare preferenze.

Grammatica: l'uso del verbo *piacere* (ripetizione).

Procedimento: Invitate gli studenti a riflettere sulle attività che si svolgono normalmente in classe e a segnare con una crocetta quelle che preferiscono. Sottolineate che si tratta di pensare a ciò che si fa volentieri, indipendentemente dal grado di utilità didattica, e che se si vuole, si può aggiungere qualche voce in fondo alla lista. Date un paio di minuti per svolgere il compito individualmente. Invitate poi gli studenti ad alzarsi e ad intervistare i compagni per trovare quelli a cui piacciono le stesse attività. Prima di dare il via alle interviste, fate notare lo specchietto *Ricordate?* che richiama alla mente le strutture utili alla comunicazione. Annunciate quindi il tempo disponibile e mettete una musica di sottofondo. Mentre gli studenti lavorano, pianificate la composizione dei gruppi per l'attività successiva.

4 Imparare l'italiano
(PARLARE E SCRIVERE)

Obiettivi: fare un 'ritratto' della classe individuando punti forti e punti deboli, porre le basi per lo sviluppo del processo d'apprendimento.

Grammatica e lessico: il verbo *interessare*; l'uso di *per* e *perché*, la preposizione *da* (temporale), l'interrogativo *Da quanto / quanti…?*

Procedimento: **a.** Dividete la classe in gruppi e invitate gli studenti a formulare alcune domande sui temi suggeriti a p. 10 (almeno una per tema). Distribuite la scheda disponibile sul sito Internet affinché ognuno vi trascriva le domande formulate in gruppo. Annunciate il tempo di lavoro e tenetevi a disposizione per eventuali chiarimenti. Scaduto il tempo, invitate gli studenti a porre ad almeno tre compagni di altri gruppi le domande preparate, annotandosi le risposte sull'apposita scheda. Prima di dare il via alle interviste, fate notare i due specchietti di pagina 10, uno solo dei quali presenta un elemento nuovo (il verbo *interessare*), mentre l'altro richiama alla mente strutture introdotte nel corso del primo volume. Mettete una musica di sottofondo e date alcuni minuti per le interviste.

b. Aumentate il volume della musica per annunciare la fine delle interviste e invitate gli studenti a ricomporre i gruppi originari per riferirsi le informazioni raccolte. Se possibile, copiate su lucido o alla lavagna le domande guida di pagina 11 in modo che i discenti possano svolgere l'attività a libro chiuso, evitando di guardare la lettura successiva.

c. Chiedete a un portavoce per gruppo di presentare alla classe i risultati del 'sondaggio' svolto e trascrivete su lucido o alla lavagna le attività citate dividendole in facili e difficili (oppure invitate gli stessi portavoce a trascriverle). Mettete quindi in risalto tutto ciò che la classe trova facile, evidenziando i progressi compiuti finora, e infine avviate la discussione sulle difficoltà cercando di far sì che siano gli stessi discenti a suggerire delle idee per superarle. Per prepararvi al vostro ruolo di moderatori, passate in rassegna le attività del *Portfolio* di **Chiaro! A1**, alle quali potrete fare riferimento per aiutare gli studenti a trovare soluzioni. Poiché lo scopo è quello di riflettere su obiettivi e metodi d'apprendimento, questa discussione si potrà svolgere anche nella lingua madre dei discenti. Sarà in ogni caso importante condurre la classe ad affrontare le eventuali difficoltà con piglio deciso e spirito positivo, sottolineando che lo sviluppo di adeguate strategie di apprendimento continuerà sistematicamente anche in **Chiaro! A2**.

elementi lessicali utili alla comunicazione nelle attività 5c, 7 e 8. Non saranno dunque oggetto d'analisi: partendo dagli esempi, spiegate solo che normalmente stanno davanti al nome e si comportano come normali aggettivi; dite poi che lo specchietto di p. 11 potrà essere consultato, in caso di necessità, per le attività successive. Potete infine concludere con una rapida indagine volta a stabilire quale coppia abbia stilato la classifica più simile a quella originale.

Soluzione:

pizza 8%; cappuccino 7%; spaghetti 7%

5 Così l'Europa parla italiano
(LEGGERE)

Obiettivi: **a.** prepararsi alla lettura usando l'immaginazione e la conoscenza del mondo; **b.** – **c.** sviluppare la comprensione della lingua scritta.

Grammatica e lessico: le percentuali, gli aggettivi numerali ordinali, il superlativo relativo.

Procedimento: **a.** Formate delle coppie, scrivete alla lavagna la domanda guida ed eventualmente stabilite il numero di parole da mettere in classifica (per esempio le prime cinque). Date agli studenti alcuni minuti per discutere e mettersi d'accordo.

b. Informate gli studenti che adesso potranno verificare la correttezza delle loro ipotesi, fate aprire il libro a p. 11 e seguite le indicazioni del manuale tenendo presente quanto detto nell'introduzione di questa Guida a p. 12 (*Gli input scritti – Procedimento*).

c. Dite agli studenti di scorrere rapidamente il testo per rintracciare le tre parole che mancano nella classifica dell'UE e di trascriverle nello schema. Verificate poi in plenum. Fate quindi notare lo specchietto *Lingua*: i primi dieci numerali ordinali vengono qui presentati come

6 Superlativi d'Italia
(SCOPRIRE LA GRAMMATICA, PARLARE)

Obiettivo: introdurre ed esercitare il superlativo relativo.

Grammatica: il superlativo relativo.

Procedimento: **a.** Dite agli studenti di scorrere rapidamente il testo di p. 11 per rintracciare le parole che mancano nello schema, nel frattempo copiate le frasi alla lavagna. Fatevi poi dettare la soluzione e chiedete come si forma e a che cosa serve il superlativo relativo, procedendo come indicato a p. 16 dell'Introduzione (*La grammatica – Procedimento*).

b. Formate delle coppie, fate leggere il compito, la lista di parole e l'esempio accertandovi che tutto sia chiaro. Dite agli studenti che le domande formulate serviranno per l'attività successiva e che dunque ognuno dovrà trascriverle sul proprio foglio (o memorizzarle). Date loro circa 7 minuti per lavorare.
(Per vostra infomazione: la città raffigurata in una delle foto è Lucca.)

c. Scaduto il tempo, formate dei gruppi unendo di volta in volta due coppie e invitate gli studenti a porsi vicendevolmente le domande e a discutere sulle risposte.

Soluzione:

a. *Le* cento parole italiane *più* conosciute; *la* parola *più* conosciuta; *il* risultato *più* sorprendente; *i* vocaboli *più* noti

7 La parola più bella della lingua italiana
(PARLARE)

Obiettivo: esercitarsi ad esprimere e motivare un'opinione, riflettere sul proprio rapporto con la lingua italiana.

Procedimento: **a.** Ponete alla classe le domande riportate nella consegna e accertatevi che il compito sia chiaro. Invitate poi gli studenti ad intervistare quanti più compagni possibile entro un limite di tempo da voi stabilito. Mentre gli studenti si intervistano riflettete sulla composizione dei gruppi per l'attività successiva.

b. Scaduto il tempo, formate dei gruppi e invitate gli studenti a riferirsi le informazioni raccolte.

8 Un sondaggio fra italiani
(PARLARE, ASCOLTARE)

Obiettivi: **a.** prepararsi all'ascolto riflettendo sul rapporto fra gli italiani e la loro lingua; **b.** – **c.** sviluppo della comprensione auditiva.

Procedimento: **a.** Formate delle coppie, fate leggere il compito, accertatevi che sia chiaro (si tratta di cambiare prospettiva rispetto al compito precedente concentrandosi sul punto di vista degli italiani) e lasciate agli studenti qualche minuto di tempo per fare delle ipotesi.

b. Seguite le indicazioni del manuale e procedete come indicato a p. 9 dell'Introduzione (Fase 1 – *Comprensione globale*).

c. Formate delle coppie e dite agli studenti di stilare una classifica delle parole che hanno annotato, conservando la 'prospettiva italiana' e servendosi tanto delle informazioni raccolte durante l'ascolto quanto della propria conoscenza del Paese. Date loro qualche minuto per mettersi d'accordo, poi fate ascoltare ancora una volta per confrontare le classifiche stilate con quella reale. Verificate in plenum procedendo come indicato nell'Introduzione a p. 10 (Fase 2 – *Comprensione più dettagliata*).

Soluzione:
1 amore; 2 mamma; 3 pace; 4 ciao; 5 felicità; 6 Italia / vita / amicizia / famiglia / libertà / sole / figlio (a pari merito)

Trascrizione:
(Track 01)

● Mm, senti un po'...

◆ Dimmi.

● Senti, per te qual è la parola italiana più bella?

◆ Mah, non saprei... In che senso, scusa? Intendi per il suono o per il significato?

● Mah, scegli tu, come preferisci: per il suono o per il significato. O per tutti e due.

◆ Ma non è facile! ... Poi così su due piedi...

● Beh, ma prova, dai! Per esempio...?

◆ Ma, per esempio forse 'armonia'. Sì, ecco, 'armonia' mi piace. Non so se... se è proprio la più bella, però mi piace. Per il suono, mi piace per il suono questa parola. Senti, ma perché mi fai questa domanda? Ma come ti è venuta in mente?

● Eh, perché ho appena letto un articolo che parla di un sondaggio sulla lingua italiana, anzi sugli italiani e la loro lingua. E fra le altre cose, hanno chiesto alle persone anche, secondo loro, qual è la parola più bella della lingua italiana.

◆ Ah! E qual è? Voglio dire, qual è il risultato? Mi fai vedere?

● Sì, ecco. Anzi, no, indovina!

◆ Oddio...

● E dai, prova!

◆ Mm... 'Bellezza'. Ho indovinato?

● No, per niente: questa proprio non è in classifica.

◆ Oh! Allora andiamo sul tradizionale: che mi dici di 'mamma'?

- No. Cioè, fai progressi: 'mamma' in classifica c'è. Ma non è al primo posto.
- Ah. E a che posto è?
- Eh, lo vediamo dopo. Intanto fai un'altra proposta...
- E allora... 'famiglia': se non è la mamma, è la famiglia, scommetto.
- Eh, no. Mi dispiace, ma non ci siamo. Anche questa è in classifica, ma non è la prima.
- Veramente? E allora... allora 'sole'.
- Nemmeno: c'è anche 'sole', ma non è la prima.
- Eh... 'mamma' no, 'famiglia' no, 'sole' no... Beh, ma che parola è? Dai, dimmi solo le parole in classifica senza l'ordine giusto, poi provo di nuovo a indovinare.
- OK, allora, oltre a 'mamma','famiglia' e 'sole', ci sono anche: 'Italia', 'figlio', 'ciao'...
- 'Ciao'?
- Sì,'ciao', e poi 'pace', 'amicizia', 'amore', 'felicità', 'libertà' e 'vita'. Allora, fra queste, secondo te qual è al primo posto?

...

(Track 02)
- Ah beh, fra queste, 'amore' naturalmente!
- Esatto! 'Mamma' è al secondo posto, al terzo posto 'pace', al quarto 'ciao', al quinto 'felicità'. Poi ci sono 'Italia' / 'vita' / 'amicizia' / 'famiglia' / 'libertà' / 'sole' / 'figlio', tutte insieme.
- Ma pensa un po', 'ciao' prima di 'felicità' e di 'famiglia'... Comunque hanno scelto le parole più per il significato, non tanto per il suono come ho fatto io.
- Sì, direi anch'io. Sono tutte parole 'calde', in parte intime, che indicano rapporti tra le persone...
- Sì, è vero, sì.

9 La parola del cuore
(PARLARE)

Obiettivi: sviluppo della competenza comunicativa orale, riflettere sul proprio rapporto con la lingua madre e/o con la lingua del Paese in cui si vive.

Grammatica: pronomi oggetto indiretti atoni e tonici (ripetizione).

Procedimento: Formulate la domanda iniziale (punto **a**) in base alla composizione della vostra classe (per esempio, se non ci sono stranieri, ignorate la seconda parte). Evidenziate che bisogna cambiare nuovamente prospettiva concentrandosi, questa volta, sul proprio rapporto con la lingua materna (o con quella 'adottiva'). Prima di dare il via all'attività fate leggere gli esempi e mettete in risalto lo specchietto (ripresa dei pronomi oggetto indiretti atoni e tonici) utile alla comunicazione. Seguite poi, per tutte le fasi, le indicazioni del manuale tenendo conto di quanto si dice nell'Introduzione a p. 15 (*Compiti di gruppo*).

Culture a confronto

L'italiano nel mondo

Obiettivo: approfondire la conoscenza del 'mondo italofono'.

Procedimento: **a.** A libro chiuso, disegnate alla lavagna un 'sole' con diversi raggi; scrivete al centro del 'sole' *Qui si parla italiano* e all'estremità di un raggio *Italia*. Chiedete poi alla classe in quali altri Paesi si parla italiano. Formate delle coppie o dei gruppi e invitate gli studenti a fare delle supposizioni disegnando il proprio 'sole dell'italofonia'.

b. Fate aprire il libro a p. 14 e invitate i discenti a verificare le loro ipotesi leggendo il testo. Procedete come indicato nell'Introduzione a p. 12 (*Gli input scritti – Procedimento*).

c. Formate dei gruppi e invitate gli studenti a scambiarsi informazioni ed esperienze sulla base della traccia proposta dal libro. Concludete facendovi dire che cosa è venuto fuori dal lavoro di gruppo.

Per ulteriori informazioni sul tema potete consultare, per esempio, il sito web della Società Dante Alighieri (www.ladante.it) o quello dell'Accademia della Crusca (http:/www.accademiadellacrusca.it/).

Portfolio

Autovalutazione – Obiettivo: fare un bilancio della prima lezione.

Procedimento: Procedete come indicato a p. 25 dell'Introduzione (*Portfolio*). Se nel gruppo ci sono delle persone nuove, sarà opportuno chiarire la funzione, la struttura e l'uso di questa pagina.

Tanti tipi di intelligenza

Strategie – Obiettivo: riflettere sul proprio modo di affrontare i 'compiti' legati allo studio.

Procedimento: Dite che la riflessione sulle strategie di apprendimento proposta in *Chiaro! A2* prosegue e approfondisce quella svolta nel primo volume. In particolare, si rifletterà su come sfruttare appieno le capacità della mente, evidenziando quegli aspetti di cui spesso non ci rendiamo conto anche se giocano un ruolo importante nella nostra vita quotidiana. Per cominciare, sarà opportuno mettere in luce la varietà delle funzioni di cui la mente è dotata.

a. Leggete le definizioni dei diversi tipi di intelligenza e chiarite eventuali dubbi. Invitate poi gli studenti a leggere le frasi sottostanti per capire quale tipo di intelligenza entra in gioco nelle situazioni descritte (che riguardano sia la vita quotidiana sia il metodo di studio). Fate svolgere quest'attività individualmente, poi fate confrontare in coppia e infine verificate in plenum. Se notate che la classe è particolarmente interessata al tema, potete approfondire trovando insieme ulteriori esempi.

b. Chiedete ora agli studenti di passare dal generale al particolare: invitateli a rileggere con attenzione le frasi e a scegliere le affermazioni che li riguardano.

c. Invitate gli studenti a cercare fra i compagni di classe quelli con i risultati più simili ai propri per scambiarsi esperienze e suggerimenti. Per concludere potete riportare il discorso in plenum e chiedere quali idee interessanti siano emerse dalla discussione di gruppo. Evidenziate che *Chiaro!* propone stimoli utili a tutti i tipi di intelligenza e che la riflessione su questo tema troverà ampio spazio anche nel Portfolio delle successive unità.

Le intelligenze multiple

La teoria delle 'intelligenze multiple' si deve allo psicologo Howard Gardner (Università di Harvard), il quale nega il concetto unitario di intelligenza. Egli sostiene infatti che non esiste "l'intelligenza" *tout court*: ciò che noi definiamo 'intelligenza' è piuttosto un fenomeno complesso costituito da abilità ben distinte – diverse intelligenze, appunto – che possono funzionare indipendentemente l'una dall'altra oppure interagire fra di loro. Secondo Gardner, ogni persona dispone fondamentalmente di sette intelligenze – linguistica, logico-matematica, musicale, spaziale, corporeo-cinestetica, interpersonale e intrapersonale – di cui qui di seguito si elencano, in estrema sintesi, le caratteristiche principali.

Intelligenza linguistica: include la sensibilità per la lingua parlata e scritta, la capacità di imparare le lingue e di usarle in maniera mirata per determinati scopi (come fanno scrittori, avvocati, oratori, insegnanti ecc.).

Intelligenza logico-matematica: include la capacità di analizzare i problemi in modo razionale, di fare calcoli matematici, di esaminare questioni scientifiche, di sviluppare un ragionamento logico.

Intelligenza musicale: include la capacità di 'conferire significato' ai suoni (comprenderlo, comunicarlo, crearlo): apprezzare un brano musicale o una poesia, cantare, suonare, comporre una melodia, ecc.

Intelligenza spaziale: include la capacità di orientarsi nello spazio e di utilizzare informazioni visive per affrontare situazioni di diverso tipo (leggere cartine, arredare una stanza, giocare a scacchi, eseguire un intervento chirurgico, valutare le proporzioni di una statua ecc.).

Intelligenza corporeo-cinestetica: riguarda la capacità di usare il corpo nelle più varie circostanze, anche per risolvere problemi: fare sport, giocare, ballare, comunicare con mimica e gesti, usare la lingua dei segni ecc.

Intelligenza interpersonale: include la capacità di comprendere intenzioni, motivazioni e sentimenti di altre persone, consente di cooperare con gli altri.

Intelligenza intrapersonale: è la capacità di riflettere su di sè, di comprendere i vari aspetti della propria personalità e di utilizzare ciò che si deduce dall'autoriflessione per affrontare la vita quotidiana.

Per un eventuale approfondimento si consiglia: Howard Gardner, *Forma mentis. Saggio sulla pluralità dell'intelligenza*, Milano, Feltrinelli: 2002.

Viaggiare in treno

1 Per iniziare

Obiettivo: introdurre il tema 'stazione' e alcune parole chiave; prepararsi all'ascolto.

Procedimento: Riproducete su lucido la p. 17 e proiettate l'immagine coprendo con un foglio sia la piantina in alto a destra sia l'attività 1. Chiedete agli studenti che cosa vedono nella foto, che edificio è quello raffigurato (che sia una stazione lo indovineranno subito anche grazie al titolo dell'unità: qui si tratta di Genova Brignole), che cosa c'è e che cosa si può fare normalmente in un posto del genere. Fate quindi aprire il libro e introducete l'attività 1: prima da soli e poi in coppia, gli studenti individueranno sulla pianta i vari elementi e scriveranno la lettera corrispondente nelle apposite caselle. Seguirà, come al solito, una verifica in plenum.

Soluzione:
la biglietteria → d; la sala d'attesa → h; il binario → i; il marciapiede → b; lo sportello delle informazioni → g; la panchina → a; il sottopassaggio → j; l'atrio → e; il tabellone dell'orario → f; le toilette → c

2 Alla stazione
(ASCOLTARE, SCOPRIRE LA GRAMMATICA)

Obiettivi: sviluppare la comprensione auditiva; introdurre gli strumenti linguistici utili a chiedere informazioni.

Grammatica e lessico: i verbi *bisogna* e *volerci*; vari tipi di treni.

Procedimento: a. Dite agli studenti di rimanere a p. 17 e invitateli a immaginare di trovarsi alla stazione di Firenze. Annunciate che ascolteranno dei mini-dialoghi e che il loro compito consiste nel capire dove si svolgono: in sala d'attesa, alla biglietteria o allo sportello delle informazioni? Scrivete alla lavagna le tre possibili risposte, poi fate ascoltare il track 03 una volta e quindi formate delle coppie per un primo scambio di idee. Infine verificate in plenum: se ci sono molte divergenze, fare ascoltare ancora una volta con lo stesso compito, altrimenti fate aprire il libro a p. 18.

b. Seguite le indicazioni del manuale e procedete come indicato nell'Introduzione a p. 10 (*Fase 2 – Comprensione più dettagliata*). Verificate le soluzioni, evidenziate innanzi tutto i seguenti elementi lessicali: *partire per* + destinazione, *partire da* + binario, *il treno delle* + orario, *arrivare a* + meta. Passate allo specchietto *Lingua* solo una volta giunti al punto 5: il verbo *bisogna* viene qui introdotto come elemento lessicale utile alla comprensione e alla comunicazione (vedi attività **3b**); se lo ritenete opportuno, potete individuare insieme ai discenti una struttura analoga presente nella loro lingua madre, ma senza dilungarvi nell'analisi grammaticale.

c. Fate leggere il compito e accertatevi che sia chiaro, poi procedete come indicato a p. 16 di questa Guida (*La grammatica – Procedimento*).

Soluzioni:

a. Allo sportello delle informazioni
b. **1.** alle 11:37; **2.** dal binario 6; **3.** 3 ore e 16 minuti, 63 euro e 70; **4.** un'ora e trentasette minuti; **5.** bisogna cambiare a Bologna
c. *Ci vuole* si usa con un'indicazione di tempo al singolare (fino a un'ora e 59 minuti), *ci vogliono* con un'indicazione di tempo al plurale.

Scheda informativa

I treni italiani
Le **Frecce** fanno parte dell'offerta Eurostar e sono i treni più veloci della flotta Trenitalia: i *Frecciarossa* collegano Torino-Milano-Bologna-Firenze-Roma-Napoli-Salerno, circolano su linee ad Alta Velocità e normalmente viaggiano a 300 km/h, ma possono raggiungere i 360 km/h; i *Frecciargento* collegano Roma con Venezia, Verona, Bari/Lecce, Lamezia Terme/Reggio Calabria, circolano sia su linee ad Alta Velocità che su linee tradizionali e raggiungono i 250 km/h; i *Frecciabianca* collegano Milano con Venezia, Udine e Trieste, Genova e Roma, la Riviera Adriatica fino a Bari e Lecce, utilizzano la linea tradizionale e raggiungono i 200 km/h.

Gli **Eurostar** normali sono treni veloci a lunga percorrenza che viaggiano su linee tradizionali. Gli **Intercity** collegano città grandi e medie, mentre i **Regionali** sono riservati ai viaggi all'interno di una regione e tra regioni confinanti.

Trascrizione:

1
▷ Scusi, quando parte il prossimo treno per Venezia?
■ Il prossimo? Dunque alle... 11:37 dal binario 8.
▷ Grazie.
■ Prego.

2
■ Prego, signora.
▶ Senta, da che binario parte il treno delle 12:08 per Viareggio?
■ Dal binario 6.
▶ Va bene, grazie.

3
■ Buongiorno, mi dica.
◆ Quanto ci vuole per arrivare a Napoli con il Frecciarossa?
■ Con il Frecciarossa... ci vogliono 3 ore e 16 minuti.
◆ Ah, e quanto costa il biglietto di seconda classe?
■ 63 euro e 70.
◆ Va bene. Grazie.
■ Prego.

4
■ Prego.
● Senta, quanto ci vuole per andare a Roma?
■ Beh, dipende dal treno. Con il regionale 3 ore e 50...
● Oh, mamma mia...
■ Beh, invece con l'Eurostar ci vuole solo un'ora e 37.
● Ah, bene. Grazie mille.

5

◆ Buongiorno.

■ Buongiorno.

◆ Senta, per andare a Parma con l'Eurostar delle 12:19 bisogna cambiare a Bologna?

■ Sì, esatto. L'Eurostar arriva a Bologna alle 13:20 e per Parma si prende il regionale delle 13:30.

◆ OK, va bene, grazie.

■ Prego.

3 Scusi, vorrei un'informazione.
(ASCOLTARE, PARLARE)

Obiettivo: focalizzare l'attenzione sugli interrogativi *quando*, *quanto* e *da che...*; esercitarsi a chiedere informazioni alla stazione.

Procedimento: a. Seguite le indicazioni del manuale e procedete come illustrato a p. 10 dell'Introduzione (*Fase 2 – Comprensione più dettagliata*). In fase di verifica fate notare che *quanto* si usa non solo in riferimento a una quantità di oggetti o a una somma di denaro, come già visto nella lezione 7 di *Chiaro! A1*, ma anche in riferimento al tempo.

b. A libro chiuso, formate delle coppie, spiegate agli studenti che faranno un gioco di ruolo e dite loro di stabilire, innanzi tutto, chi è il viaggiatore (ruolo A) e chi è l'impiegato che lavora allo sportello informazioni (ruolo B). Raccomandate che ognuno legga esclusivamente le istruzioni relative al proprio ruolo: A quelle a pagina 18, B quelle a pagina 123 (per evitare che leggano anche il resto potete preparare – usando la scheda disponibile nel sito – dei cartoncini da distribuire in base ai ruoli). Fate quindi aprire il libro, accertatevi che il compito sia chiaro e procedete poi come indicato nell'Introduzione a p. 14 (*Produzione orale*).

Soluzione:

a. *Quando* parte il prossimo treno per Venezia?; *Da che* binario parte il treno per Viareggio?; *Quanto* ci vuole per arrivare a Napoli?; *Quanto* costa il biglietto di seconda classe?

4 Il linguaggio dei treni
(LAVORARE CON IL LESSICO)

Obiettivo: ampliare il lessico relativo ai treni; familiarizzare con la simbologia usata dalle ferrovie italiane.

Procedimento: Per svolgere questo punto vi converrà riprodurre su lucido l'attività. Per lo svolgimento seguite le indicazioni del manuale. Fate eseguire il compito dapprima individualmente, poi in coppia e infine verificate in plenum, aiutandovi con il lucido.

Soluzione:

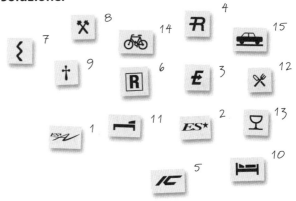

5 L'orario ferroviario
(LEGGERE)

Obiettivo: sviluppare la capacità di leggere selettivamente.

Procedimento: Eventualmente potete riprodurre su lucido l'orario, ingrandendolo. Se avete una classe che ama giocare con le parole, potete invitare gli studenti a riflettere sul nome *Memo-*

rario per fare delle ipotesi: perché si chiama così? Poiché il termine 'memoria' si ritrova in numerosi vocaboli di varie lingue (si pensi, per esempio, a *memoiren, memorial, memory* ecc.), è possibile che qualcuno trovi la soluzione, altrimenti dite che si tratta di un servizio che Trenitalia offre in alcune regioni e che prevede più treni con orari di facile memorizzazione (vedi scheda informativa): nello schema i treni in più sono contrassegnati dalla **m** in cima alla colonna, mentre gli altri sono treni e orari 'normali'. Il Memorario con cui si lavora in quest'attività riguarda una linea ferroviaria in Toscana. Dite quindi agli studenti di leggere le situazioni sottostanti e consultare l'orario per trovare, di volta in volta, le informazioni richieste.

Soluzioni:
1. Il treno delle 7:59 che arriva alle 8:29 o il treno delle 8:29 che arriva alle 9:02 oppure il treno delle 8:59 che arriva alle 9:29.
2. Partenza da Firenze Statuto alle 7:44.
3. Il treno delle 7:45 che arriva alle 8:30 oppure il treno delle 8:17 che arriva alle 9:21.
4. Il treno delle 10:08 che arriva alle 11:20.

Scheda informativa

Memorario è un servizio di Trenitalia che offre più treni con orari coordinati a cadenze regolari e perciò facili da memorizzare. Prevede missioni veloci, semiveloci e metropolitane, contraddistinte da colori diversi, ognuna con fermate nelle stesse stazioni allo stesso minuto di ogni ora. Gli orari cadenzati cominciano intorno alle ore 8 e finiscono intorno alle ore 20 dei giorni feriali, lasciando inalterati collegamenti e orari per il servizio normale.

6 Un biglietto, per favore!
(ASCOLTARE, PARLARE)

Obiettivo: **a. – b.** sviluppare la comprensione auditiva; **c.** esercitarsi ad acquistare un biglietto ferroviario.

Procedimento: **a.** Seguite le indicazioni del manuale e procedete come illustrato a p. 9 dell'Introduzione (*Fase 1 – Comprensione globale*).

b. Seguite le indicazioni del manuale e procedete come illustrato a p. 10 dell'Introduzione (*Fase 2 – Comprensione più dettagliata*).

c. Formate delle coppie diverse da quelle del punto **3b** e dite agli studenti di stabilire, innanzi tutto, chi è il viaggiatore (ruolo A) e chi è il bigliettaio (ruolo B). Raccomandate che ognuno legga esclusivamente le istruzioni relative al proprio ruolo (anche in questo caso, potete preparare – con la scheda disponibile nel sito – dei cartoncini per i diversi ruoli). Accertatevi che il compito sia chiaro e procedete poi come indicato nell'Introduzione a p. 14 (*Produzione orale*).

Soluzioni:
a. Oggi questo treno non viaggia.
b. Il signore si trova alla stazione di Firenze Santa Maria Novella e vuole andare a Sesto Fiorentino. Il signore prende il treno delle 7:38.

Trascrizione:
- ◆ Buongiorno.
- ▷ Buongiorno.
- ◆ Un biglietto per Sesto Fiorentino, per favore.
- ▷ Andata e ritorno?
- ◆ No, solo andata. Senta, il treno delle 7:47 arriva alle 8:04, no?
- ▷ Eh... guardi che il treno delle 7:47 viaggia solo nei giorni festivi. Se vuole partire adesso, deve prendere quello delle 7:38.
- ◆ Oddio! Sono le 7:32...! Eh... va bene, quant'è?
- ▷ Un euro e 10.
- ◆ Ecco a Lei.
- ▷ Ecco il biglietto e il resto.
- ◆ Grazie e arrivederci.

7 Una gita oltre confine

(LEGGERE)

Obiettivo: sviluppare la comprensione della lingua scritta.

Grammatica: l'aggettivo indefinito *qualche*; il condizionale presente.

Procedimento: a. Fate chiudere il libro e mostrate il titolo dell'attività, che avrete riprodotto su lucido (o trascritto alla lavagna) coprendo tutto il resto. Chiedete agli studenti come si può fare una gita (andata e ritorno in giornata) oltre confine partendo dall'Italia: da quale regione si può partire? Dove si può andare? Raccolte alcune idee, mostrate i messaggi di "marcello" e "88gio" e invitate gli studenti a leggerli rapidamente per capire da dove vogliono partire e dove desiderano andare queste due persone. Se in fase di verifica qualcuno dovesse chiedervi delucidazioni sull'indefinito *qualche*, che compare in entrambi i messaggi, dite semplicemente che *qualche gita* significa "delle gite / più di una gita" e *qualche posto* "dei posti / più di un posto", senza dilungarvi in spiegazioni grammaticali: potrete riprendere il tema dopo l'attività di lettura sfruttando lo specchietto *Lingua* di p. 21. Esortate infine i discenti a leggere anche i messaggi successivi per scoprire chi risponde a "marcello" e chi invece a "88gio". Fate presente che il compito non è quello di comprendere tutto nei dettagli, ma soltanto stabilire qual è il destinatario di ogni risposta. Procedete poi come illustrato nell'Introduzione a p. 11 (*Gli input scritti*).

b. Chiedete agli studenti di concentrarsi sul messaggio di Sofia85, fate leggere il compito e accertatevi che sia chiaro. Consigliate agli studenti di segnare il percorso con la matita e lasciate loro alcuni minuti per lavorare individualmente. La verifica avverrà dapprima in coppia e poi in plenum. Per quest'ultima fase vi converrà riprodurre su lucido la cartina e chiedere a uno studente di segnare con un pennarello l'itinerario proposto (oppure farvelo dettare e segnarlo voi stessi), in modo che tutti possano visualizzarlo.

Soluzioni:

a. Sofia85 risponde a Marcello, Sissi e Ariete 2010 rispondono a 88gio.

b.

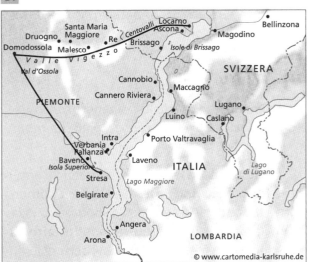

© www.cartomedia-karlsruhe.de

Scheda informativa

Il **Lago Maggiore Express** offre la possibilità di percorrere un tragitto panoramico fra l'Italia e la Svizzera viaggiando in treno e in battello. L'escursione si può effettuare partendo da varie località e scegliendo tra un biglietto speciale con validità giornaliera e un biglietto valido per due giorni. Il territorio fra i due Paesi si attraversa per un'ora e mezza con la ferrovia delle Centovalli e della Valle Vigezzo. La traversata del Lago Maggiore in battello dura tre ore e consente di ammirare le isole Borromee, i castelli di Cannero, le isole di Brissago.

Vigezzina: La Ferrovia internazionale elettrica Domodossola – Locarno – familiarmente chiamata Vigezzina in Italia e Centovallina in Svizzera – fu inaugurata nel 1923. Essa collega la Val d'Ossola al Lago Maggiore con un percorso fra boschi e paesi che, grazie a treni panoramici e tempi lenti, permette al viaggiatore di 'immergersi' nel paesaggio naturale della Valle Vigezzo italiana e delle Centovalli svizzere. La ferrovia offre inoltre servizi di trasporto pubblico per la comunità locale e di trasporto internazionale di collegamento tra la linea del Gottardo e quella del Sempione.

8   Vorrei...

(SCOPRIRE LA GRAMMATICA)

Obiettivo: introdurre il condizionale presente (**a.** individuare le frasi che lo contengono e dedurne la funzione nel contesto dato; **b.** ricostruire le forme; **c.** formulare la regola per la morfologia dei verbi).

Procedimento: Per tutte le fasi tenete conto di quanto detto nell'Introduzione a p. 16 (*La grammatica*).

a. Invitate gli studenti a rileggere con attenzione le frasi concentrandosi sulla funzione comunicativa di ciascuna di esse. Per la verifica proiettate un lucido sul quale avrete riprodotto l'attività (possibilmente ingrandita) e fatevi dettare le soluzioni.

b. Dite agli studenti che, come sicuramente avranno notato, le funzioni comunicative appena individuate richiedono l'uso di una forma verbale nuova: il condizionale. Formate quindi delle coppie e invitate i discenti a ritrovare nelle frasi le forme necessarie a completare lo schema (dovranno dunque concentrarsi sulle desinenze).

c. Fate lavorare le stesse coppie di prima in base alle indicazioni del manuale. Lasciate loro un po' di tempo per discutere, poi sollecitateli a suggerirvi le regole guidandoli a una soluzione completa e condivisa.

Soluzioni:
a. **esprimere un desiderio** → Vorrei andare in Svizzera. / Vorrei organizzare qualche gita.; **chiedere un consiglio** → Dove potrei andare? / Mi consigliereste qualche posto carino?; **dare un consiglio** → Ti consiglierei di usare la carta di credito. / Io andrei a Ginevra. / Potresti venire in Ossola. / Potresti visitare Bellinzona.; **indicare una possibilità / fare un'ipotesi** → E così faresti questo giro.
b. -ei / -esti / -ebbe / -emmo / -este / -ebbero; *andrei / potrei / vorrei*

c. Il condizionale presente dei verbi regolari si forma partendo dall'infinito, le desinenze sono uguali per tutte e tre le coniugazioni; particolarità: nei verbi in -*are*, la -*a* diventa -*e*.
I verbi irregolari si possono dividere in gruppi: verbi che perdono la -*e* / -*a* dell'infinito (*andrei, avrei, dovrei, potrei*), verbi che perdono la -*e* e raddoppiano la -*r*- dell'infinito (*verrei, vorrei*), verbi in -*are* che conservano la -*a* dell'infinito (*darei, farei, starei*). Nel verbo *essere* cambia completamente la radice.

9   In gita con la Vigezzina

(PARLARE)

Obiettivo: esercitarsi ad esprimere un desiderio / una preferenza.

Procedimento: Formate dei gruppi, fate leggere il compito e accertatevi che sia chiaro. Procedete quindi come indicato nell'Introduzione a p. 14 (*Produzione orale*).

Scheda informativa

Santuario della Madonna del Sasso: si raggiunge in treno (fino a Locarno) e con la funicolare della Madonna del Sasso, ma si può visitare anche a piedi, partendo da Locarno. Questa è la tradizionale strada dei pellegrini, secolare e un tempo molto conosciuta, e richiede circa un'ora di cammino.
Centovalli in bicicletta: si arriva con la Vigezzina fino a Camedo (oltre il confine italo–svizzero), si noleggiano le biciclette e si scende per la strada Cantonale. Lungo il percorso si può sostare in uno dei numerosi grotti (locali tipici del Canton Ticino e dei Grigioni italiani, così chiamati perché originariamente ricavati da grotte naturali). Per il ritorno si riprende il treno a Pontebrolla.

10 Mi daresti un consiglio?
(SCRIVERE E LEGGERE)

Obiettivo: esercitarsi a dare consigli e fare proposte per iscritto.

Procedimento: **a.** Fate leggere il compito, accertatevi che sia chiaro e fatelo svolgere individualmente tenendo presente quanto detto nell'Introduzione a p. 14 (*Produzione scritta*). Raccomandate agli studenti di tenere presente in primo luogo l'obiettivo comunicativo (dare consigli, proporre un itinerario) e avvertiteli che i loro testi verranno 'pubblicati' in classe, pregateli perciò di scrivere su un foglio a parte e con una grafia leggibile. Annunciate il tempo a disposizione e dite che potranno rivolgersi a voi in qualsiasi momento per sciogliere gli eventuali dubbi.

b. Raccogliete i fogli e sistemateli in modo che tutti li possano leggere (su un tavolo o alla parete). Calcolate il tempo necessario per la lettura in base al numero dei testi e sottolineate che non bisogna capire ogni parola, ma solo farsi un'idea delle proposte per decidere quale si trova più interessante. Scaduto il tempo assegnato, riportate l'attività in plenum e chiedete agli studenti di spiegare quale delle gite proposte desidererebbero fare e perché.

11 Un treno tutto rosso
(LEGGERE)

Obiettivo: sviluppare la comprensione della lingua scritta.

Grammatica e lessico: avverbi in *-mente*; alcuni verbi di movimento con preposizione.

Procedimento: **a.** A libro chiuso scrivete alla lavagna "trenino rosso" e chiedete che cos'è. Formate delle coppie e invitate gli studenti a fare delle supposizioni.

b. Fate aprire il libro a p. 23 e invitate i discenti a leggere il testo per verificare le loro ipotesi. Procedete poi come illustrato nell'Introduzione a p. 12 (*Gli input scritti*).

Scheda informativa

Il **Bernina Express** fa parte della Ferrovia Retica: le tratte del Bernina e dell'Albula collegano l'Europa settentrionale a quella meridionale e sono esempi di gestione innovativa del paesaggio di montagna. La linea dell'Albula è stata completata nel 1903, quella del Bernina nel 1910. La ferrovia del Bernina (St. Moritz – Tirano) fu presa come modello per molte ferrovie interregionali progettate e per alcune realizzate. Oggi è unica al mondo: è infatti la trasversale alpina più alta d'Europa nonché una delle ferrovie ad aderenza naturale più ripide al mondo. Dal 2008 è anche Patrimonio Mondiale dell'umanità ed è l'unico Sito UNESCO trasnazionale italiano.

12 Le parole... del treno
(LAVORARE CON IL LESSICO)

Obiettivo: riflettere sull'uso di *arrivare, attraversare, partire, salire, scendere, viaggiare*.

Procedimento: **a.** Chiedete agli studenti di coprire con un foglio il testo del punto 11, poi invitateli ad abbinare i verbi alle espressioni del punto 12 cercando di contare non solo sulla memoria, ma anche sul ragionamento. Date loro un paio di minuti per lavorare, poi dite di confrontare le soluzioni con il testo originale. Prima di dare il via al controllo, dite che se si hanno delle soluzioni diverse da quelle del testo, se ne deve prendere nota senza cancellarle perché magari potrebbero essere corrette; nel corso della verifica in plenum controllate se ci sono casi di questo tipo e discuteteli.

b.   Formate delle coppie, fate leggere il compito e accertatevi che sia chiaro (la parola *valle* è comparsa nella lezione 10 del primo volume). Per verificare la correttezza delle soluzioni potete farle elencare in plenum oppure passare voi stessi di coppia in coppia a controllare. Sarà comunque opportuno trascrivere alla lavagna almeno una soluzione per caso in modo che le nuove espressioni diventino patrimonio di tutti.

Soluzione:

a.   salire sui vagoni; viaggiare tra la Valtellina e i Grigioni; partire da Tirano; salire fino ai boschi; arrivare ai ghiacciai; scendere nell'Engadina; attraversare le Alpi; **altre soluzioni possibili**: arrivare da Tirano, arrivare nell'Engadina

b.   **soluzioni possibili**: attraversare gli Appennini; partire dal binario 2; arrivare a Cagliari; viaggiare tra l'Italia e la Svizzera; viaggiare in treno / salire sul treno; viaggiare in seconda classe; scendere fino a una valle

Conclusa la verifica e prima di avviare l'attività finale, proiettate un lucido sul quale avrete riprodotto il testo sul trenino rosso. Sottolineate l'avverbio *familiarmente* (r. 3), chiedete ai discenti di trovare nel testo altre forme simili a questa (*perfettamente*, r. 9; *comodamente*, r. 12 e *personalmente*, r. 14 – 15) e di dirvi dove si trovano in modo che possiate sottolinearle. Chiedete quindi come si formano questi avverbi e invitate gli studenti a parlarne con un compagno, aiutandosi anche con lo specchietto *Lingua* in fondo alla pagina. Lasciate loro un po' di tempo per confrontarsi, poi riportate il discorso in plenum ed esortateli a formulare la regola (questi avverbi si costruiscono partendo dalla forma femminile dell'aggettivo corrispondente e aggiungendo il suffisso *-mente*; se l'aggettivo termina in *-re* o *-le*, la *-e* finale cade). Non soffermatevi sulla differenza fra avverbio e aggettivo perché questo tema verrà trattato al punto 13 della lezione 5.

13   **Un treno per due Paesi**
(PARLARE, SCRIVERE E LEGGERE)

Obiettivo: ripassare funzioni comunicative, grammatica e lessico della lezione.

Procedimento: Per tutte le fasi seguite le indicazioni del manuale tenendo conto di quanto si dice nell'Introduzione a p. 15 (*Compiti di gruppo*).

Culture a confronto

Prendere il treno in Italia

Obiettivo: confrontarsi sugli 'usi e costumi ferroviari' dei diversi Paesi.

Procedimento: a.   A libro chiuso, ricordate agli studenti che nella lezione 10 del primo volume hanno già visto un biglietto ferroviario italiano, dite loro che adesso ne vedranno un altro, un po' più 'complesso', e che il loro compito consisterà nel ricavarne le informazioni fondamentali. Sottolineate che per fare questo non è necessario capire proprio tutto quello che è stampato sul biglietto. Fate quindi aprire il libro a p. 24 e fate svolgere il compito in tre fasi: esecuzione individuale, confronto in coppia, verifica in plenum.

b.   Fate svolgere questo compito individualmente e poi verificate in plenum.

c.   Formate dei gruppi, fate leggere le domande e invitate gli studenti a discuterne insieme. Potete concludere l'attività riportando il discorso in plenum per vedere quali analogie e quali differenze siano state individuate.

Soluzioni:

a.   Il biglietto non è valido per Intercity, Eurostar o Frecciarossa: biglietto treno ordinario; È un biglietto per due persone: n. 2 adulti; Il biglietto è valido per due mesi: utilizzabile dal 07/04/09 al 06/06/09; Prima di iniziare il viaggio, all'andata e al ritorno, bisogna...: da convalidare; Una volta obliterato, il biglietto è valido 6 ore: vale 6h da convalida.

b. 1 → foto centrale (obliteratrice gialla); 2 → foto a sinistra (con il disegno della bicicletta); 3 → foto a destra (distributore automatico, con la scritta "biglietto veloce")

Scheda informativa

Obliterare
Come si vede a p. 24, il biglietto va obliterato (cioè timbrato) due volte: all'andata e al ritorno. Il controllo da parte del capotreno non sostituisce l'obliterazione: chi viaggia con un biglietto non obliterato rischia una multa salata (attualmente 50 euro).

quindi delle coppie e fate leggere l'introduzione e la consegna **a**. Lasciate quindi alcuni minuti per lo scambio di esperienze.

b. Fate svolgere questo compito individualmente e poi verificate in plenum.

c. Formate dei gruppi e dite agli studenti di discutere seguendo la traccia indicata dal libro. Concludete riportando la discussione in plenum per raccogliere le idee e dare ulteriori consigli.

Soluzione:
b. studenti → 3; insegnanti → 1; genitori → 2

Portfolio

Autovalutazione – Obiettivo: fare un bilancio della seconda lezione.

Procedimento: Procedete come indicato a p. 25 dell'Introduzione (*Portfolio*).

Gezielt lesen – Informationen finden

Strategie – Obiettivo: riflettere sulle strategie di lettura, qui: lettura per consultazione (*scanning*).

Procedimento: **a.** Informate gli studenti che la riflessione sulle strategie di lettura prosegue e approfondisce il discorso avviato in *Chiaro! A1* (v. lezione 8). Spiegate che tale riflessione, per essere utile, dovrà essere svolta passo per passo, seguendo esattamente le indicazioni del libro. Precisate infine che – in armonia con il tema della lezione – l'esercizio proposto nel Portfolio risulta particolarmente utile come 'allenamento' in vista di future vacanze in Italia. Formate

Epoche e mode

Temi: la moda, usi e costumi del passato.

Obiettivi comunicativi: denominare e descrivere capi di abbigliamento; descrivere situazioni e stili di vita del passato; confrontare usi e costumi del passato con quelli di oggi.

Grammatica e lessico: le forme e l'uso dell'imperfetto indicativo; il comparativo (forme regolari); capi d'abbigliamento, accessori, moda (sostantivi e aggettivi qualificativi).

1 Per iniziare

Obiettivo: introdurre il tema 'moda' facendo leva sull'esperienza di vita.

Procedimento: Formate dei gruppi e seguite le indicazioni del manuale, tenendo conto di quanto detto nell'Introduzione a p. 14 (*Produzione orale*).

2 Vestiti e accessori
(LAVORARE CON IL LESSICO)

Obiettivi: introdurre il lessico di base relativo all'abbigliamento, ricordare i colori.

Grammatica e lessico: i colori (ripetizione); i capi d'abbigliamento; le espressioni *a righe, a fiori, a quadri*; *un paio di*.

Procedimento: Se possibile, riproducete su lucido a colori le pagine 27 e 28. Naturalmente potete lavorare anche con le pagine del libro, ma abbiate cura di coprire e di far coprire l'attività 3 i cui disegni, costituendo la base di un gioco di memoria, non dovrebbero venir osservati in anticipo.

a. Pregate gli studenti di coprire con un foglio il punto 3, fate svolgere l'attività in coppia e verificate in plenum.

b. Fate svolgere l'attività in coppia, poi fate chiudere il libro, proiettate il lucido di pagina 28 (solo il punto 2) e verificate in plenum. Conclusa la verifica, servitevi nuovamente dei lucidi per rinfrescare la memoria riguardo ai colori, presentati nella lezione 7 del primo volume, e introdurre i vocaboli che compaiono negli specchietti *Lingua* di pagina 29, senza tuttavia dover aprire il libro. A tal fine basterà porre semplici domande come "Di che colore è il cappello?". Utilizzate dapprima le immagini di pagina 28, cominciando con il cappello – per il quale fornirete voi la risposta, in modo da presentare il termine *marrone* – e lasciando per ultima la cravatta, che userete per introdurre l'espressione *a righe*. Scrivete dunque alla lavagna quest'espressione, poi aggiungete anche *a fiori / a quadri* e illustratene il significato mostrando le immagini di pagina 27. Infine invitate alcuni studenti a descrivere l'abbigliamento delle persone che si vedono nelle foto di questa pagina: chiedete per esempio "Che cosa porta la ragazza che guarda gli stivali?". Potrete così introdurre anche l'espressione *un paio*

di (la ragazza porta un paio di stivali marroni).
Se volete, potete ampliare quest'attività formando delle coppie e consegnando un'immagine in cui compaiano diverse persone (per esempio la foto a p. 13 o i disegni a p. 103 di **Chiaro! A1**): a turno, uno studente dovrà dire com'è vestita una persona e l'altro dovrà indovinare di quale persona si tratta. A questo punto, gli studenti saranno pronti per svolgere il gioco del punto 3.

Soluzione:
a. pantaloni, gonna, scarpe, sandali, stivali, cappotto, abito/vestito, guanti, cintura, borsa, occhiali da sole
b. cappello, maglione, cravatta, camicia, giacca, sciarpa, camicetta, maglietta / t-shirt

3 Come sono vestite queste persone?
(GIOCO)

Obiettivo: memorizzare il lessico di base relativo all'abbigliamento.

Procedimento: **a.** A libro chiuso, dite agli studenti che vedranno dei disegni e che avranno due minuti di tempo per osservarli attentamente e memorizzare quanti più dettagli possibile. Fate aprire il libro a pagina 28 e cronometrate.

b. Scaduto il tempo, fate chiudere il libro e dite agli studenti di scrivere, ognuno per conto proprio, come sono vestite le persone. Come esempi, potete trascrivere alla lavagna le frasi di pagina 29. Date qualche minuto per eseguire il compito, poi formate delle coppie e fate confrontare per vedere chi è riuscito a formulare la descrizione più completa: per verificare la correttezza, si potranno naturalmente guardare i disegni.

Soluzione:
La prima persona porta una camicetta a fiori, una sciarpa blu, un paio di jeans / pantaloni blu e stivali marroni.
La seconda persona porta giacca e pantaloni blu, camicia e cravatta azzurre, una cintura marrone, scarpe marroni.

La terza persona porta una maglietta / t-shirt gialla a righe bianche, una gonna arancione e un paio di sandali.

4 Che passione!
(PARLARE)

Obiettivi: riutilizzare il lessico nuovo in una produzione libera; esprimere preferenze.

Procedimento: Ponete a voce la domanda contenuta nella consegna. Invitate quindi gli studenti ad alzarsi e a intervistare i compagni annotandosi le risposte. Se volete, potete mettere una musica di sottofondo. Stabilite il tempo a disposizione, scaduto il quale segnalate la fine delle interviste aumentando il volume della musica. Concludete l'attività chiedendo agli studenti che cosa sono riusciti a scoprire, per vedere se esiste una comune preferenza per un particolare capo o accessorio o se ci siano in classe dei 'collezionisti' di oggetti di moda.

5 Che tempi!
(LEGGERE)

Obiettivo: sviluppare la comprensione della lingua scritta.

Grammatica e lessico: aggettivi per descrivere l'abbigliamento; l'imperfetto indicativo.

Procedimento: Quest'attività va preparata con cura perché – pur non essendo complicata – richiede una regia particolarmente attenta: la classe si dividerà infatti in due gruppi (A e B), ognuno dei quali lavorerà, dapprima, con un solo testo (A o B); in un secondo tempo i due gruppi si scambieranno le informazioni ricavate. Le consegne sono riportate due volte in modo che ogni gruppo possa lavorare esclusivamente con la 'sua' pagina e conservare così il *gap* informativo. Per tutte le fasi tenete presente quanto detto nell'Introduzione a p. 12 (*Gli input scritti*).

a. A libro chiuso, dividete la classe in due gruppi (A e B) e, se possibile, fateli sistemare in due punti dell'aula ben separati, in modo che ogni gruppo possa lavorare per conto proprio. Annunciate poi che il gruppo A lavorerà con la pagina 29 e il gruppo B con la pagina 30. Dite che ogni studente dovrà leggere il proprio testo non per capire tutto quello che c'è scritto, ma solo per farsi un'idea generale del contenuto e scegliere un titolo fra quelli proposti: non bisognerà, perciò, soffermarsi a riflettere sulle parole sconosciute o sulle forme nuove. Accertatevi che il compito sia chiaro, fate aprire il libro e date un paio di minuti per una prima lettura.

b. Formate ora delle coppie all'interno di ciascun gruppo (o dei gruppi di tre, se gli studenti sono dispari) e invitate i discenti a riferirsi quale titolo abbiano scelto e perché: in questo modo si scambieranno automaticamente anche le informazioni che avranno capito. Date loro un paio di minuti per parlare.

c. Dite agli studenti di rileggere il proprio testo per approfondire la comprensione del contenuto. Poi formate delle nuove coppie – unendo, questa volta, uno studente del gruppo A e uno studente del gruppo B (se gli studenti sono dispari, ci sarà un terzetto con due A o due B) – e dite che si scambino informazioni sui testi letti e sui titoli scelti. Raccomandate di concentrarsi sul contenuto generale, continuando ad ignorare le parole e le forme sconosciute.

d. Dite agli studenti A di leggere il testo a pagina 30 e agli studenti B di leggere quello a pagina 29 per verificare le informazioni appena ricevute dal compagno. Date un paio di minuti per la lettura, poi formate delle coppie, riproponete la foto (o il lucido) di pagina 27 e chiedete agli studenti di discutere sulle immagini da abbinare a ciascun testo. Concludete l'attività verificando la scelta dei titoli e raccogliendo le proposte relative alle foto.

Soluzioni:
a. – **b.** Testo A: La febbre del sabato sera; Testo B: La moda anni '70.
d. La foto con i pantaloni a zampa d'elefante.

Scheda informativa

Paolo Morando: giornalista, vive e lavora a Trento, dove è vicecaporedattore del *Trentino*, quotidiano del Gruppo Espresso. Docente di giornalismo all'Università di Verona, ha scritto per *la Repubblica* e per la rivista trimestrale del Mulino *Problemi dell'informazione*. Nel suo *Dancing Days* Morando rievoca – attraverso documenti inediti e testimonianze di giornalisti, intellettuali e artisti – il periodo in cui l'Italia è passata dall'esasperato impegno politico degli anni Settanta alla 'fuga nel privato' degli anni Ottanta: dalla stagione dei movimenti per i diritti alla stagione degli 'yuppies'.
Eskimo: giaccone impermeabile di semplice fattura lungo fino alle ginocchia o a mezza coscia, munito di cappuccio e di larghe tasche, con interno in pelo sintetico e cerniera lampo, diffuso soprattutto in color verde militare. Pratico ed economico, quindi accessibile alle classi meno abbienti, assunse ben presto una valenza politica: a partire dal '68 divenne simbolo del movimento studentesco, che rifiutava il consumismo. Divenne poi una vera icona degli anni Settanta anche grazie a una canzone di Francesco Guccini, intitolata, appunto, *Eskimo*. Ancora nel 2010, in un sondaggio dell'Espresso sulle icone di quegli anni, ha ottenuto il maggior numero di voti.

6 Stile anni Settanta
(LAVORARE CON IL LESSICO)

Obiettivi: introdurre espressioni utili a descrivere l'abbigliamento, approfondire la comprensione dei testi.

Grammatica e lessico: aggettivi per descrivere l'abbigliamento.

Procedimento: a. – d. Seguite le indicazioni del manuale e fate svolgere i compiti in coppia. Prima di dare il via alla produzione orale del punto **d**, verificate solo le soluzioni dell'attività **c**; la verifica dei due punti precedenti verrà fatta dai discenti stessi avvalendosi del testo B e del confronto con i compagni previsto nell'ultima fase. Il controllo in plenum si svolgerà soltanto alla fine e avrà lo scopo di far sì che il lessico raccolto diventi, in tutte le sue varianti, patrimonio comune della classe.

Soluzioni:

a. **capi d'abbigliamento:** pantaloni (a zampa d'elefante), gonne, minigonne, miniabiti, Loden, eskimo (cappotto); **accessori:** occhiali (a goccia), foulard, orecchini; **colori:** colori forti e contrastanti; **fantasie:** disegni geometrici, fiori, cerchi, linee, goccia d'acqua

b. **pantaloni:** corti, larghi, stretti, lunghi; **gonna:** corta, larga, stretta, lunga; **camicia / camicetta:** corta, larga, stretta, lunga; **colore:** forte, pastello, chiaro, scuro

c. chiaro ≠ scuro; corto ≠ lungo; forte ≠ pastello; largo ≠ stretto

7 Eravamo così
(SCOPRIRE LA GRAMMATICA)

Obiettivo: introdurre l'imperfetto indicativo (forme e prima riflessione sull'uso).

Procedimento: Per tutte le fasi tenete conto di quanto si è detto nell'Introduzione a p. 16 (*La grammatica – Procedimento*).

a. Qui si tratta di spostare l'attenzione degli studenti dall'ambito lessicale a quello grammaticale. Riproducete dunque su lucido il testo di pagina 29, sottolineate il verbo *studiavo* (riga 1) e chiedete ai discenti di fare altrettanto. Dite quindi che Dario Bramante usa verbi come questo per parlare della sua vita: si tratta di un nuovo tempo verbale, l'imperfetto. Invitate dunque gli studenti a cercare e sottolineare tutti gli altri verbi che secondo loro sono all'imperfetto. Date

un paio di minuti per la ricerca, poi fatevi dettare i verbi trovati, sottolineateli e aggiungete quelli che eventualmente sono stati tralasciati. Chiedete infine agli studenti a che scopo viene usato questo tempo e invitateli a scegliere una delle opzioni proposte (per farlo possono naturalmente scorrere di nuovo il testo). Verificate quindi in plenum.

b. Formate delle coppie, dite loro di cercare i verbi all'imperfetto anche nel testo B e di completare la tabella nel riquadro azzurro di pagina 31.

c. Proiettate la tabella tramite lucido o trascrivetela alla lavagna. Chiedete innanzi tutto agli studenti di aiutarvi a completarla. Poi formate dei gruppi e chiedete loro di individuare i verbi regolari presenti nella tabella e di discutere su come si formano. Riportate quindi il discorso in plenum e guidate la classe alla formulazione della regola. Alla fine aggiungete che l'imperfetto non ha l'ampliamento in -*isc*- e che dunque anche verbi come *preferire*, *capire* ecc. si coniugano secondo il modello *venire*. Richiamate poi l'attenzione su un altro verbo irregolare – *fare* – la cui coniugazione si trova nello specchietto più sotto. Se volete, per fissare le forme potete:
- dividere la classe in coppie e fornire loro un dado da gioco: a turno, uno studente sceglie un verbo e l'altro coniuga la forma 'uscita' con il dado (1 = io, 2 = tu ecc.).
- trasformare il cruciverba di pagina 138 in un gioco. Dividete la classe in coppie: al via ogni coppia comincia a risolvere il cruciverba. La prima coppia che ritiene di aver finito dice "Stop!" e detta le sue soluzioni, che voi riportate su un lucido (l'ingrandimento è disponibile sul sito). Se le soluzioni sono tutte giuste, la coppia ha vinto, altrimenti il gioco continua. Oppure potete far giocare una coppia contro l'altra: a turno, una coppia sceglie un verbo – dicendo per esempio "3 orizzontale" o "1 verticale" – e l'altra deve coniugarlo: se la soluzione viene ritenuta giusta, entrambe le coppie la inseriscono nello schema, altrimenti la coppia avversaria ha il diritto di tentare la correzione. Le soluzioni, contenute

nell'apposito fascicolo, potranno essere consultate solo alla fine del cruciverba: ogni forma giusta vale un punto, vince la coppia che ne totalizza di più.

Soluzioni:

a. Dario usa questo tempo per descrivere la sua vita nel passato.

b.

suonare	vedere	venire
suonavo	vedevo	venivo
suonavi	vedevi	venivi
suonava	vedeva	veniva
suonavamo	vedevamo	venivamo
suonavate	vedevate	venivate
suonavano	vedevano	venivano

avere	essere
avevo	ero
avevi	eri
aveva	era
avevamo	eravamo
avevate	eravate
avevano	erano

c. Le forme regolari (qui: *suonare*, *vedere*, *venire*, *avere*) si formano aggiungendo alla radice del verbo le desinenze dell'imperfetto. Il verbo *essere* è del tutto irregolare.

8 Mi ricordo
(SCRIVERE E PARLARE)

Obiettivo: esercitarsi a descrivere usi e costumi del passato.

Procedimento: **a.** Formate delle coppie, fate leggere il compito e accertatevi che sia chiaro. Procedete quindi come illustrato nell'Introduzione a p. 14 (*Produzione scritta*).

b. Formate delle nuove coppie e dite agli studenti di confrontare i loro ricordi per vedere se ne abbiano qualcuno in comune.

9 E tu com'eri?
(PARLARE)

Obiettivo: esercitarsi a parlare della propria infanzia /gioventù.

Procedimento: Seguite le indicazioni del manuale procedendo come indicato nell'Introduzione a p. 14 (*Produzione orale*).

10 Allora e oggi
(LEGGERE E PARLARE)

Obiettivo: confrontare stili di vita del passato con quelli attuali.

Grammatica e lessico: il comparativo (forme regolari).

Procedimento: Dite agli studenti che è arrivato il momento di creare un ponte fra il passato, di cui si è parlato finora, e il presente in cui viviamo. Invitateli a leggere i mini-testi contenuti nelle nuvolette, dando circa un minuto di tempo, poi evidenziate i comparativi che si trovano nello specchietto *Grammatica* e sono tratti dal primo testo a sinistra. Invitate quindi gli studenti a cercare il comparativo che si trova nell'ultimo testo a destra (*alla gente piaceva* **di più**) e infine chiedete loro come si forma il comparativo, limitandovi per ora a ricavare ciò che serve per quest'attività: si forma con *più / meno* + aggettivo (senza speciali desinenze), con un verbo si usa *di più / di meno*. Questo tema verrà ripreso e approfondito nella lezione 8.
Formate quindi delle coppie, fate leggere le domande contenute nella consegna e invitate gli studenti a discutere liberamente.

3

11 Intramontabili

(ASCOLTARE)

Obiettivo: sviluppo della comprensione auditiva.

Procedimento: Per tutte le fasi, tenete presente quanto detto nell'Introduzione a p. 7 (*Input orali*). Fare ascoltare i testi tutte le volte che i corsisti vorranno verificare le loro ipotesi, ma evitate che cerchino di capire ogni dettaglio perché non è questo lo scopo dell'attività.

a. A libro chiuso, informate gli studenti che ascolteranno un estratto di una trasmissione radiofonica (*Fahrenheit*, RAI Radio 3, 2/11/2009) e che il loro compito sarà quello di fare ciò che normalmente si fa ascoltando la radio: ricavare alcune informazioni (non certo capire tutto). Aggiungete che si tratta di un'intervista a una studiosa, Patrizia Calefato, e che dunque per prima cosa bisognerà capire qual è il tema dell'intervista. Fate quindi partire il track 06 e procedete come indicato nell'Introduzione a p. 9 (*Fase 1 – Comprensione globale*)

b. Fate aprire il libro, invitate gli studenti a leggere le domande e le soluzioni proposte per verificare che sia tutto chiaro. Procedete poi come indicato nell'Introduzione a p. 10 (*Fase 2 – Comprensione più dettagliata*).

c. Trovato l'accordo sulle opzioni del punto **b**, passate alla seconda parte dell'ascolto (track 07) e procedete come al punto precedente.

d. Fate leggere il compito e accertatevi che sia chiaro, poi formate delle coppie e invitate gli studenti a fare delle ipotesi.

e. Dite agli studenti di ascoltare (track 08) per scoprire se hanno indovinato. Verificate in plenum compilando la lista con l'aiuto di tutti. Fate quindi ascoltare un'altra volta il track 08 per capire che cosa chiede il conduttore agli ascoltatori.

Soluzioni:

a. Il tema dell'intervista è la moda.

b. Gli intramontabili. *Mode, persone, oggetti che restano.* Si riusano le cose vecchie. Ha superato i 50 anni.

c. Le dieci mode più importanti del secolo scorso.

d. Bikini, cerniera, collant, impermeabile, jeans, minigonna, nylon, reggiseno, t-shirt, top-model.

e. Chiede quali sono le dieci mode che hanno segnato, fino a questo momento, l'inizio del nuovo millennio.

Trascrizione:

(Track 06 / 07)

■ [...] Adesso invece ci occupiamo di tutt'altro, ci occupiamo di un libro scritto dalla semiologa Patrizia Calefato che s'intitola *Gli intramontabili. Mode, persone, oggetti che restano*, pubblicato quest'anno da Meltemi. Allora, Patrizia Calefato, buon pomeriggio e benvenuta a Fahrenheit.

▶ Grazie e buon pomeriggio a voi.

■ Gli intramontabili, quindi parliamo, come Lei ha parlato spesso nei suoi libri, di moda. Parlare di mode intramontabili, Patrizia Calefato, non è una specie di contraddizione in termini?

▶ Beh, diciamo che la crisi... allora la crisi cosa impone? Impone un po' il riutilizzo, il riuso delle cose, il riuso dei materiali, dei vecchi abiti, delle vecchie borse. Il riuso anche di certe immagini che sono nella memoria, vivono un po' come dei classici, non classici molto distanti da noi, classici vicini a noi – dieci, venti, trenta, quarant'anni addietro e qua io mi pongo direttamente in gioco come persona che, diciamo, ha superato il mezzo secolo e dunque può anche giocare col tempo, no?, giocare un po' a ricordare certi intramontabili che hanno fatto anche parte della sua propria storia.

■ Allora adesso noi cerchiamo di giocare anche con gli ascoltatori, oltre che con il tempo. Perché? Perché Patrizia Calefato a un certo punto del suo libro elenca le dieci parole, diciamo i dieci oggetti che hanno fatto la moda del secolo scorso.

(Track 08)

■ Ve le leggo, sono: bikini, cerniera, collant, impermeabile, e poi ancora jeans, minigonna, nylon, reggiseno, t-shirt e top-model. Dunque le dieci parole che hanno fatto la moda del secolo scorso. Ora, quello che vorrei chiedere agli ascoltatori è, secondo loro, quali sono, invece, le dieci parole, i dieci oggetti, diciamo meglio le dieci mode che hanno segnato, fino a questo momento, l'inizio del nuovo millennio. [...]

Scheda informativa

Patrizia Calefato è semiologa, insegna Sociolinguistica, Linguistica informatica e Analisi socio-antropologica del prodotto di moda all'Università di Bari. Le sue ricerche vertono sulla dimensione sociale del linguaggio, sulla moda, sugli studi culturali e femministi. Fra i suoi libri: *Lusso* (2003), *Che nome sei?* (2006), *Mass moda* (2007), *Manuale di comunicazione, sociologia e cultura della moda, vol. V: Performance* (con A. Giannone, 2007). In *Gli intramontabili* (2009) si occupa degli 'evergreens': mode, persone, oggetti che restano nel tempo o ritornano, come 'vintage', dopo una fase di relativo oblio.

12 Il terzo millennio secondo noi
(PARLARE E SCRIVERE)

Procedimento: Per tutte le fasi, seguite le indicazioni del manuale tenendo conto di quanto si dice nell'Introduzione a p. 15 (*Compiti di gruppo*).

Culture a confronto

"Icone" d'Italia

Obiettivo: riflettere su oggetti e/o prodotti che hanno 'fatto la storia' e sono rimasti nella memoria collettiva dei diversi Paesi.

Procedimento: a. Dite agli studenti di guardare le foto e chiedete loro se sanno come si chiamano i prodotti raffigurati (album di figurine Panini, Fiat Cinquecento, Vespa, poltrona Sacco, moka / caffettiera Bialetti). Poi formate delle coppie e dite loro di discutere sulla base della traccia proposta, dopo esservi accertati che sia tutto chiaro.

b. Formate ora dei gruppi e invitate gli studenti a confrontare le idee emerse, discutendo sulla base della traccia proposta. Concludete questa fase raccogliendo le idee in plenum e fornendo, se necessario, ulteriori informazioni e chiarimenti.

Le icone della nostra classe

Obiettivo: riflettere su oggetti che hanno segnato la storia individuale degli studenti.

Procedimento: Formate nuovi gruppi e invitate gli studenti a discutere sulla base della traccia proposta. Alla fine, chiedete a un portavoce per gruppo di riferire in plenum e costruite insieme alla classe la 'mappa' delle icone personali.

Scheda informativa

Figurine Panini: Alla fine del 1960 Giuseppe Panini (che insieme al fratello Benito ha fondato a Modena l'Agenzia Distribuzione Giornali Fratelli Panini) trova, a Milano, un lotto di vecchie figurine sfuse, le acquista, le imbusta e le mette in vendita a 10 lire l'una. È un successo: 3 milioni di bustine vendute. Nel 1961 nasce la prima collezione Calciatori e con essa l'azienda Panini, che fino al 1988 è gestita dalla famiglia

3

stessa. Dopo anni difficili, nel 1992 l'azienda viene acquistata da Bain Gallo Cuneo e dalla De Agostini. Cambia poi gestione e nel 1999 torna di proprietà italiana. Il Gruppo Panini, con sede a Modena e con filiali in Europa, USA e America Latina, è oggi leader mondiale nel settore delle figurine adesive.

Fiat **Cinquecento**: lanciata nel 1957, la *Nuova 500* è la legittima erede della *Topolino* (uscita nel 1936). Con queste vetture di piccola cilindrata nasce il mito italiano dell'utilitaria: automobile di piccole dimensioni, pratica ed economica, accessibile anche a classi sociali precedentemente escluse dall'acquisto di mezzi di trasporto individuali. La *500* diventa ben presto il simbolo di un Paese in crescita: gli italiani usciti dalla guerra si godono con gioia e meraviglia il piacere di essere vivi, di contribuire allo sviluppo industriale traendone al contempo beneficio, di potersi permettere – pur con modesti stipendi – un po' di benessere e addirittura qualche minimo lusso come le gite di famiglia fuori porta. Nel 1972 la *500* viene sostituita dalla 126, che però assume un altro ruolo sociale, quello di seconda macchina per uso urbano. Nel 1991 e nel 2007 sono usciti nuovi modelli di *500*.

La **Vespa** è prodotta dalla Piaggio, azienda di Pontedera (Pisa). Alla fine della II Mondiale Enrico Piaggio affida a Corradino D'Ascanio il compito di progettare un veicolo semplice, robusto, economico ma elegante, che possa essere guidato da tutti con facilità, che non sporchi i vestiti del conducente e consenta di trasportare un passeggero. I primi esemplari del prototipo MP6 escono dagli stabilimenti nel 1945, il modello definitivo viene presentato nell'aprile 1946 con il nome di *Vespa*. Questo nome si deve alla prima impressione che ne ha Enrico Piaggio, il quale, notando la parte centrale molto ampia, concepita per la comodità del guidatore, esclama: "Sembra una vespa!". Rapidamente assurta a simbolo di libertà e di gioia di vivere, la Vespa si fa interprete della

società italiana in continua evoluzione: non rappresenta solo un modo di spostarsi, ma un modo di essere, di pensare e di esprimere se stessi. La Vespa ha un rapporto molto stretto con il cinema: dal debutto del 1953 in *Vacanze romane* (con Audrey Hepburn e Gregory Peck) a *The American*, thriller del 2010 con George Clooney, passando per *Caro diario* di Nanni Moretti (1993), compare in moltissimi film. Nel gennaio 2011 il Museo Piaggio ha perciò allestito una mostra intitolata appunto *La Vespa e il cinema*.

La **poltrona Sacco** è prodotta dall'azienda Zanotta di Nova Milanese (provincia di Monza e Brianza), fondata nel 1954 da Aurelio Zanotta. L'idea nasce nel 1968: i progettisti Franco Teodoro, Piero Gatti e Cesare Paolini si ispirano a un tipo di materasso usato dai contadini e realizzato con un semplice sacco riempito di foglie di castagno. Per la poltrona, di cui ormai esistono 40 modelli, invece delle foglie si usa il polistirolo espanso. La Sacco diventa così un prodotto innovativo che non solo 'riscrive' le regole del design, ma interpreta e rappresenta un'epoca. Entra infatti nell'immaginario collettivo degli italiani grazie a Paolo Villaggio il quale negli anni Settanta e Ottanta interpreta, prima in TV e poi al cinema, il personaggio di Fracchia, un ragioniere che, quando è convocato nell'ufficio del capo, deve prendere posto su una poltrona Sacco e vi sprofonda perché non riesce mai a mantenere l'equilibrio.

Moka Express Bialetti: macchina per caffè espresso ideata nel 1933 da Alfonso Bialetti, fondatore – nel 1919 – dell'omonima azienda con sede a Crusinallo (Verbania) e immessa sul mercato a livello industriale dal figlio Renato nel dopoguerra. La Moka Express rivoluziona il modo di preparare il caffè ribaltando il sistema alla napoletana: mentre quest'ultimo prevede la caduta dell'acqua bollente sulla polvere di caffè, la caffettiera Bialetti fa salire l'acqua in ebollizione e sotto pressione attraverso il caffè. Il nuovo metodo è più rapido e perciò molte famiglie sostituiscono la caffettiera napoletana con la Bialetti. Prodotta in diverse misure (da una a 18 tazze), ha il corpo in alluminio e i manici in bakelite. Il nome deriva da quello della città di Mokha (Yemen), una delle prime e più rinomate zone di produzione di caffè, in particolare della pregiata qualità arabica. Simbolo della Bialetti è l'"Omino con i baffi", creato negli anni '50 e protagonista degli spot pubblicitari di Carosello, in onda dal 1958 al 1968, che contribuiscono a diffondere il prodotto. Oltre alla Moka classica ci sono oggi modelli dal design inedito e dalle funzionalità più diverse, creati nell'intento di coniugare la tradizione alle esigenze della modernità.

Portfolio

Autovalutazione – Obiettivo: fare un bilancio della terza lezione.

Procedimento: Procedete come indicato a p. 25 dell'Introduzione (*Portfolio*).

Hören und Verstehen – Radiosendungen

Strategie – Obiettivo: riflettere sulle strategie di ascolto più adatte a una trasmissione radiofonica.

Procedimento: Informate gli studenti che la riflessione sull'ascolto qui proposta prosegue ed approfondisce quella presentata nella lezione 7 del primo volume (non a caso ha lo stesso titolo): qui ci si concentra, però, su un caso particolare – ascoltare la radio – e si intreccia la riflessione sulle strategie d'ascolto con quella sulle intelligenze multiple.

a. Fate leggere innanzi tutto l'introduzione. Poi invitate gli studenti a ripercorrere mentalmente l'attività 11 di questa lezione, in tutte le sue fasi, per rendersi conto di che cosa li ha aiutati a svolgerla. Nel libro sono elencate alcune possibilità, ma ci sono anche delle righe vuote per aggiungere appunti personali. Fate svolgere quest'attività individualmente.

b. Formate dei gruppi e dite agli studenti di discutere sulle strategie emerse dalla riflessione per individuare quelle che promettono il maggior successo. Riportate poi il discorso in plenum per raccogliere le idee e dare ulteriori suggerimenti. Preannunciate che questo tipo di ascolto verrà esercitato, con trasmissioni di altro genere, anche in lezioni successive (7 e 8).

c. Invitate gli studenti ad esercitare l'udito con il memory qui suggerito, usando vecchie scatoline da pellicola o involucri di altro tipo (l'importante è che siano tutti uguali e non trasparenti) in cui si metteranno materiali di vario genere (come riso, cereali, lenticchie, fagioli, piselli, chiodi, sassolini, uva passa, anelli di metallo ecc.). Sul fondo del contenitore si scriverà una cifra, numerando le scatoline a due a due in base al contenuto: per esempio, quelle con il riso avranno entrambe il numero 1. Si può giocare in gruppo secondo le classiche regole del memory: ogni giocatore cerca, scuotendo le scatoline, di scoprire le coppie con identico contenuto e per verificare se ha indovinato guarda sul fondo. Un secondo gioco consiste nel tentar di indovinare, sempre scuotendo le scatoline, che cosa c'è dentro: per verificare si controlla su una lista in cui sono elencati i materiali corrispondenti alle cifre. Potete chiedere agli studenti di preparare il memory e poi proporlo in classe, avendo cura di indicare loro i nomi italiani dei materiali scelti e di raccomandare che il gioco si svolga in italiano.

Il ritmo della vita

Temi: la musica, sogni di gioventù.

Obiettivi comunicativi: raccontare una disavventura; raccontare eventi della propria vita; illustrare abitudini del passato; parlare dei propri sogni di gioventù; esprimere preferenze in campo musicale.

Grammatica e lessico: l'uso del passato prossimo e dell'imperfetto; lessico di base relativo alla musica (strumenti e alcuni verbi); la preposizione *da* in espressioni come *da bambino / da ragazzo*; collocazioni con i verbi *cantare, conoscere, entrare, fare, suonare, studiare*.

1 Per iniziare
(ENTRARE IN TEMA, LEGGERE)

Obiettivi: **a.** introdurre il tema 'musica' facendo leva sulla fantasia; **b.** sviluppare la comprensione della lingua scritta.

Procedimento: a. Chiedete agli studenti che cosa vedono nella foto; esortateli a descrivere l'immagine con le parole che conoscono, anche se non sono quelle esatte: per esempio, non conoscono ancora *violino* ma conoscono l'espressione *suonare uno strumento* (v. **Chiaro! A1**, lez. 7), non conoscono *cuoco* ma potranno dire *due persone lavorano in una cucina* ecc. Leggete poi a voce alta la consegna sotto la foto, formate dei gruppi e lasciate loro alcuni minuti per fare delle ipotesi: esortateli a lavorare con la fantasia e badate che non voltino pagina. Infine, fatevi dire quali ipotesi sono emerse, senza rivelare se siano corrette o meno.

b. Dite agli studenti di voltare pagina e leggere il testo del punto **1b** per verificare le loro ipotesi. Per verificare la comprensione del testo basterà chiedere ai discenti se hanno indovinato (magari anche solo in parte).

Soluzione:
Il manifesto pubblicizza il Maggio Musicale Fiorentino (73ª edizione).

2 E da voi?
(PARLARE)

Procedimento: Formate dei gruppi, accertatevi che il compito e le espressioni elencate siano chiari e procedete come indicato nell'Introduzione a p. 14 (*Produzione orale*).

3 Due amici

(ASCOLTARE)

Obiettivo: sviluppare la comprensione auditiva.

Procedimento: a. Formate delle coppie e invitate gli studenti a guardare con attenzione le tre fotografie per individuare somiglianze e differenze. Lasciate loro qualche minuto di tempo, esortandoli ad aguzzare la vista tenendo conto delle didascalie (nel caso del Festival Puccini non si vedono i musicisti, ma basterà il nome per farsi un'idea), poi raccogliete le idee in plenum.

b. Dite agli studenti di ascoltare la conversazione per scoprire in quale dei tre posti raffigurati vogliono andare le persone che parlano. Procedete poi come indicato nell'Introduzione a p. 9 (*Fase 1 – Comprensione globale*).

c. Fate lavorare le coppie del punto a: ponete loro la domanda contenuta nella consegna e date un paio di minuti per fare supposizioni. Fate infine ascoltare il track 10 per verificare le ipotesi, procedendo come indicato nell'Introduzione a p. 9 (*Fase 1 – Comprensione globale*).

Soluzioni:

a. Somiglianze: si tratta in tutti e tre i casi di eventi musicali. Differenze: in due casi (Festival Puccini e Umbria Jazz) l'evento si svolge all'aperto, nel terzo all'interno di un teatro; dei due eventi all'aperto, uno (Umbria Jazz) si svolge nel centro storico di una città, l'altro (Festival Puccini) invece sulle rive di un lago.

b. Vogliono andare al Festival Puccini.

c. Giacomo interrompe la telefonata perché sente annunciare la partenza del suo treno da un altro binario.

Trascrizione:

(Track 09)

● Ehi, ciao Giacomo, io sono già in treno. Sei in viaggio anche tu?

◆ No, ancora no.

● Ah, e quando parti? Arrivi a Torre del Lago in tempo, no?

◆ E perché non dovrei?

● Perché sei un ritardatario ...

◆ No, stavolta no. C'era un sacco di traffico, però sono uscito di casa in tempo, ho preso un taxi per non dover cercare un parcheggio, sono arrivato addirittura in anticipo e sono già al binario.

● Bravo, bravo ... Oh, sono contenta che quest'anno andiamo al Festival insieme. Tu l'anno scorso eri entusiasta.

◆ Sì, guarda, veramente. E poi l'anno scorso era anche una serata ideale per un concerto all'aperto, d'estate: non faceva tanto caldo, si stava benissimo, poi con questo lago intorno... Vabbe', io e Cinzia avevamo dei posti in decima fila, non si vedeva proprio benissimo, però... insomma...

● E stavolta che posti abbiamo? Io non lo so neanche...

◆ Mah..., questa volta ho comprato due biglietti per la seconda fila, posti centrali!

● Fantastico!

◆ Bravo, eh! ... Oddio, ma...

● Cosa c'è?

◆ Senti, Serena, ti devo lasciare. Ti richiamo dopo!

...

(Track 10)

● Giacomo! Allora? Cosa c'è, cos'è successo?

◆ È successo che ho perso il treno.

● Come?! Ma se eri già in stazione! Anzi, al binario!

◆ Sì, ero al binario, sì. Quello sbagliato...

● Aspettavi al binario sbagliato?! Ma come?

◆ Eh... come... come... Ero lì, aspettavo, parlavo con te, a un certo punto ho sentito l'annuncio del mio treno in partenza da un altro binario, ho fatto una corsa, ho toccato anche con un dito il pulsante di apertura della porta, però... niente... il treno è partito.

● E adesso, come si fa? Tra l'altro, sei tu che hai i biglietti, quindi se non arrivi il concerto lo perdo anch'io...

◆ Ma no no no no... adesso cerco un altro treno, dai!

● Oh, ma tu guarda...! Avevo ragione io, vedi: sei un ritardatario cronico!

Maggio Musicale Fiorentino: fondato nel 1933 da Vittorio Gui, il Maggio Musicale Fiorentino è il più antico e prestigioso Festival europeo, insieme a Bayreuth e Salisburgo. Nato come manifestazione triennale, dal 1937 è divenuto un appuntamento annuale che prevede opere liriche, concerti, balletti e sezioni dedicate ai giovani (Maggio Bimbi e spettacoli per le scuole). La scelta del periodo è legata alla tradizione toscana del Calendimaggio, antica festa della primavera che iniziava il primo giorno di maggio (calende di maggio) e si prolungava per tutto il mese. Sede del festival è il Teatro Comunale, che ha origine dal Politeama fiorentino progettato nel 1862 da Telemaco Bonaiuti. Oggi il teatro ha una capienza complessiva di 2003 posti a sedere (v. foto a p. 38). Accanto alla sala principale si trova il Piccolo Teatro, un moderno 'ridotto' che può accogliere circa 600 spettatori. Il Festival occupa i mesi di maggio e giugno, ma l'attività del Teatro si estende per tutto l'anno e comprende anche spettacoli estivi nel Giardino di Boboli. Il manifesto pubblicitario di p. 38 fa parte della campagna per il 73° Maggio Fiorentino, cioè per la stagione 2010.

Festival Puccini: nato nel 1930, si svolge a Torre del Lago, località in provincia di Viareggio. Ogni anno il Festival ospita 40.000 spettatori nel suo teatro a pochi passi dalla villa dove Giacomo Puccini visse e lavorò e dove adesso, in una piccola sala trasformata in cappella, sono custodite le sue spoglie. Il Nuovo Gran Teatro nel Parco della Musica di Giacomo Puccini comprende un'arena a cielo aperto da 3370 posti – sulle rive del Lago di Massaciuccoli – e un auditorium da 495 posti.

Giacomo Puccini, compositore, nacque a Lucca il 22 dicembre 1858 e morì il 29 novembre 1924 in una clinica di Bruxelles. Fra le sue opere ricordiamo: *Manon Lescaut, La Bohème, Tosca, Madama Butterfly, La fanciulla del West, Gianni Schicchi* (opera in un atto), *Turandot* e numerose composizioni per musica vocale e strumentale.

Umbria Jazz è un evento musicale che ha luogo dal 1973. Nato come festival itinerante e gratuito – in linea con il clima politico e culturale degli anni Settanta – è oggi una manifestazione a pagamento che si svolge nel centro storico di Perugia. L'attuale formula prevede: le serate all'Arena Santa Giuliana, dove vanno in scena gli artisti più famosi; i pomeriggi e le notti al Teatro Morlacchi e all'Oratorio Santa Cecilia, dedicati al jazz più autentico nelle sue diverse espressioni; gli spettacoli all'aperto e gratuiti, concepiti soprattutto per i giovani e le famiglie, con generi musicali più popolari e di richiamo più immediato. In alcuni locali del centro, Umbria Jazz offre inoltre un intreccio fra buona musica e buona cucina.

4 **Che cosa fareste? Come reagireste?**
(PARLARE)

Procedimento: Formate delle coppie, fate leggere il compito e accertatevi che sia chiaro. Procedete poi come indicato nell'Introduzione a p. 14 (*Produzione orale*).

5 **Com'era bello!**
(ASCOLTARE, SCOPRIRE LA GRAMMATICA)

Obiettivo: prima riflessione sull'uso dell'imperfetto e del passato prossimo.

Procedimento: Tenete presente che l'uso dell'imperfetto – e in particolare il contrasto con il passato prossimo – può risultare ostico a non pochi discenti perché in alcune lingue, come quella tedesca, non esiste un tempo che corrisponda esattamente all'imperfetto italiano, motivo per cui gli studenti saranno costretti a costruirsi una nuova categoria mentale. Sarà bene avvertirli che questo processo richiede tempo, pazienza e soprattuto molti contatti con la lingua italiana: proprio per questo si propone loro di lavorare a piccoli passi con molti esempi.

a. Fate ascoltare un paio di volte il dialogo affinché gli studenti possano completarlo. Dopo ogni ascolto fate confrontare con un compagno diverso. Alla fine verificate in plenum.

b. – c. Seguite le indicazioni del manuale procedendo come illustrato nell'Introduzione a p. 16 (*La grammatica – Procedimento*).

Soluzioni:
a. C'era; sono uscito; ho preso; sono arrivato; eri; era; faceva, stava; avevamo; vedeva
b. Si descrive una situazione nelle frasi A; si racconta che cosa ha fatto Giacomo nelle frasi B.
c. Per descrivere una **situazione** del passato si usa l'imperfetto / ~~il passato prossimo~~.
Per raccontare che **cosa è successo** o **che cosa ha fatto** una persona nel passato si usa ~~l'imperfetto~~ / il passato prossimo.

6 Cos'è successo?

Obiettivo: mettere in pratica la regola appena scoperta.

Procedimento: Fate svolgere questo esercizio in tre fasi (esecuzione individuale, confronto con un compagno, verifica in plenum tramite ascolto), procedete come illustrato nell'Introduzione a p. 16 (*La grammatica*). In fase di verifica evidenziate la funzione chiave dell'espressione *a un certo punto*: introducendo un fatto nuovo – che determina una svolta, un cambiamento nello svolgimento dei fatti – richiede qui l'uso del passato prossimo.

Soluzione:
ho perso; eri; ero; Aspettavi; ero; parlavo; ho sentito; ho fatto; ho toccato; è partito

7 Ma che distratta!
(PARLARE)

Obiettivo: esercitarsi a raccontare un episodio.

Procedimento: Chiarite innanzi tutto il significato dell'aggettivo *distratto*. Formate poi delle coppie, fate leggere il compito e accertatevi che gli studenti lo abbiano capito. Procedete poi come indicato nell'Introduzione a p. 14 (*Produzione orale*). Potete concludere l'attività facendovi raccontare che cosa è successo, il che vi consentirà di sciogliere eventuali dubbi (senza tuttavia dilungarvi in spiegazioni grammaticali).

Soluzione possibile (data semplicemente come esempio):
(Riquadro 1) La ragazza era in stazione. Al tabellone dell'orario ha controllato l'orario di partenza del treno per Venezia e il binario: il treno partiva alle 9:35 dal binario 4. (Riquadro 2) Aspettava al binario e leggeva un sms, così è salita sul treno sbagliato al binario 5, era il treno delle 9:35 per Lecce. (Riquadro 3) Era in treno, ascoltava la musica e non ha sentito l'annuncio della prossima fermata per Parma. (Riquadro 4) Era in treno, leggeva un libro, a un certo punto ha sentito l'annuncio della prossima fermata per Bologna. (Riquadro 5) A Bologna è scesa dal treno, è andata alla biglietteria e ha fatto il biglietto per Venezia. (Riquadro 6) È salita sul treno per Venezia.

8 Mamma ho perso l'aereo!
(PARLARE)

Procedimento: Formate dei gruppi, fate leggere il compito e accertatevi che sia chiaro. Procedete poi come indicato nell'Introduzione a p. 14 (*Produzione orale*).

9 Non solo musica
(LEGGERE)

Obiettivo: sviluppare la comprensione della lingua scritta.

Procedimento: Per tutte le fasi tenete conto di quanto si dice nell'introduzione a p. 12 (*Gli input scritti*).

a. A libro chiuso dite agli studenti che leggeranno un testo in cui una persona racconta: il loro compito consisterà nel capire chi racconta e di che cosa parla in generale. Fate aprire il libro e date tre minuti per una prima lettura. Formate quindi delle coppie e invitate gli studenti a scambiarsi le informazioni. Riportate poi il discorso in plenum per trovare un accordo sulle risposte (a raccontare è Giorgio Ardrizzi, torinese, che parla della sua gioventù e dei suoi studi). Chiarito questo, leggete le due domande contenute nella consegna e date il via a una seconda lettura, per la quale potrete dare due minuti di tempo. Seguirà un ulteriore confronto in coppia, con un compagno diverso da quello di prima, senza verifica in plenum.

b. Quest'attività è stata ideata per facilitare la comprensione del testo senza dover ricorrere alla traduzione. Invitate perciò gli studenti a guardare i disegni e a metterli in ordine cronologico scorrendo rapidamente il testo. Fate poi confrontare in coppia e infine verificate in plenum. Il testo contiene alcune parole nuove: se lo ritenete opportuno, potete dunque dire agli studenti di leggerlo ancora una volta e di scegliere due parole che li incuriosiscono particolarmente e che proprio non riescono a decodificare (una potrebbe essere *cacciatore*). A turno, ognuno domanderà poi (rigorosamente in italiano) che cosa significano le parole scelte: prima di rispondere voi stessi, chiedete se per caso qualcuno in classe lo sa. Tenete comunque presente che l'uso dei tempi verbali viene trattato ed esercitato ai punti 10–11 per cui non è il caso di anticipare spiegazioni in merito.

Soluzioni:

a. La passione di G. Ardrizzi per la musica è nata attraverso il padre, che a sua volta la amava; ha la passione per il mare e per la barca a vela.
b. ordine cronologico: d, e, b, a, c

Scheda informativa

Giorgio Ardrizzi è un musicista piemontese nato nel 1955. Ha studiato il trombone al conservatorio G. Verdi di Torino e dal 1977 al 1994 è stato 1° trombone nell'orchestra lirico-sinfonica del Teatro Regio di Torino. Suona anche il pianoforte e ora soprattutto il sassofono. Ha interpretato ogni genere musicale, dal classico al rock, ma predilige il jazz e la Bossa Nova. Da molti anni si dedica, con la moglie Mariolina, ai viaggi per mare in barca a vela: da quest'esperienza è nata la guida *Patagonia & Tierra del Fuego*.

Il talento e la passione è una raccolta di interviste che Aldo Carboni ha pubblicato per circa tre anni ogni domenica nella rubrica *Italiani* del *Sole 24 Ore*, di cui è stato vicedirettore. In queste pagine nomi conosciutissimi si alternano a nomi meno noti nell'intento di fornire una mappa dell'Italia contemporanea attraverso la voce dei suoi cittadini, italiani per nascita o per scelta.

10 Fatti e situazioni
(SCOPRIRE LA GRAMMATICA)

Obiettivo: proseguire la riflessione sull'uso dell'imperfetto e del passato prossimo.

Procedimento: Si prosegue qui la riflessione iniziata con l'attività 5c, in cui è stato introdotto l'uso dell'imperfetto per descrivere una situazione. Questo uso è contemplato nello schema del punto **b** perché compare nel testo del punto 9, ma viene ora dato per scontato al fine di concentrare l'attenzione sugli usi dell'imperfetto che compaiono qui per la prima volta.

a. – **b.** Seguite le indicazioni del manuale procedendo come illustrato nell'Introduzione a p. 16 (*La grammatica*). In fase di verifica evidenziate come anche qui vi sia un'espressione chiave che richiede l'uso di un determinato tempo: *il sabato e la domenica* è, infatti, un'espressione che indica un'abitudine (v. lezione 4 di *Chiaro! A1*) e dunque richiede l'imperfetto. Evidenziate inoltre la forma irregolare *diceva*.

Soluzioni:
a. **passato prossimo:** è nato, è vissuto, ho studiato, ho fatto, sono entrato, è stata, sono diventati, ho provato, è stata; **imperfetto:** era, vendeva, conosceva, diceva, faceva, era, suonavo, lavorava, ero, facevo, (mi) piaceva, stavo, raccontava, leggeva, sognava
b. **imperfetto:** per descrivere situazioni, per descrivere persone, per raccontare azioni abituali; **passato prossimo:** per raccontare singole azioni concluse / fatti compiuti

11 La vita è un sogno
(PARLARE)

Procedimento: Formate dei gruppi, fate leggere il compito e accertatevi che sia chiaro. Fate notare l'uso della preposizione *da* evidenziato nello specchietto *Lingua*. Procedete poi come indicato nell'Introduzione a p. 14 (*Produzione orale*).

12 Do re mi fa sol...
(LAVORARE CON IL LESSICO)

Obiettivo: introdurre e sistematizzare il lessico di base relativo alla musica.

Grammatica e lessico: strumenti musicali; collocazioni con verbi *cantare, conoscere, entrare, fare, suonare, studiare*.

Procedimento: Prima di dare il via all'attività chiedete se qualcuno sa spiegare il titolo: se nessuno lo sa, dite che si tratta delle prime cinque note musicali ed eventualmente aggiungete le altre due (*la, si*).

a. Fate svolgere quest'attività individualmente, poi verificate in plenum. Chiedete infine se qualcuno conosce il nome di altri strumenti.

b. Formate delle coppie, fate leggere il compito e accertatevi che sia chiaro. Date un paio di minuti di tempo, poi formate dei gruppi unendo di volta in volta due coppie e fate confrontare. Dite che se hanno dei dubbi circa la correttezza di alcune soluzioni possono rivolgersi a voi. Concludete l'attività raccogliendo in plenum tutte le soluzioni in modo che diventino patrimonio comune.

Soluzione:
a. clarinetto, corno, fagotto, flauto, oboe, piatti, tuba, tromba, trombone, viola, violino, violoncello
b. **cantare:** una canzone, a memoria un'opera, in un coro, al conservatorio; **conoscere:** una canzone, a memoria un'opera, un concerto, un pezzo di jazz, il/la cantante; **entrare:** in un'orchestra, in un coro, al conservatorio; **fare:** un concorso, un concerto, il/la cantante; **suonare:** uno strumento, in un'orchestra, a memoria un'opera, al conservatorio, un pezzo di jazz; **studiare:** uno strumento, a memoria un'opera, al conservatorio, un pezzo di jazz

13 Il ritratto musicale della classe
(SCRIVERE E PARLARE)

Procedimento: Per tutte le fasi seguite le indicazioni del manuale tenendo conto di quanto si dice nell'Introduzione a p. 15 (*Compiti di gruppo*). Per l'attività **a** potete fornire agli studenti la scheda che trovate nel sito.

Attività alternativa: se avete una classe un po' debole, potete sostituire quest'attività con il *Questionario musicale* che trovate nel sito.

Culture a confronto

Cultura e tempo libero

Obiettivo: riflettere sul ruolo della cultura nel tempo libero.

Procedimento: a. A libro chiuso, chiedete agli studenti che cosa si può fare nel tempo libero e raccogliete alcune idee. Poi fate aprire il libro, formate delle coppie e dite loro di discutere sulla base della traccia proposta, dopo esservi accertati che sia tutto chiaro e aver fatto coprire con un foglio il testo del punto **b**.

b. Dopo qualche minuto, dite agli studenti di verificare le loro ipotesi leggendo il testo.

c. Formate ora dei gruppi, invitate poi gli studenti a confrontare i risultati della verifica discutendo sulla base della traccia proposta. Concludete questa fase raccogliendo le idee in plenum.

Portfolio

Autovalutazione – Obiettivo: fare un bilancio della quarta lezione.

Procedimento: Procedete come indicato a p. 25 dell'Introduzione (*Portfolio*).

Era così, ho fatto colà – Grammatik mit Logik (Systematisieren)

Strategie – Obiettivo: riflettere sulle strategie adatte a studiare la grammatica.

Procedimento: Dite agli studenti che la riflessione sulle strategie di apprendimento qui proposta prosegue e approfondisce il discorso iniziato nelle lezioni 3 e 6 di *Chiaro! A1*: qui ci si concentra però sulle modalità di sistematizzazione delle regole, prendendo spunto da un tema piuttosto ostico come l'uso dell'imperfetto e del passato prossimo.

a. Fate leggere le righe introduttive e il primo compito. Raccomandate agli studenti di attivare la memoria e/o la fantasia e lasciate loro alcuni minuti per raccogliere e annotare le idee.

b. Fate svolgere il compito individualmente, eventualmente fornendo agli studenti la pagina che trovate nel sito in modo che abbiano più spazio per scrivere.

c. Ricordate agli studenti il test sulle intelligenze multiple svolto nella prima lezione. Invitateli quindi a cercare fra i compagni di classe quelli che in base a tale test gli assomigliano di più per scambiarsi esperienze e suggerimenti. Per concludere potete riportare il discorso in plenum e chiedere quali idee interessanti siano emerse dalla discussione di gruppo.

Ancora più chiaro 1

Obiettivo: ripassare funzioni comunicative, lessico e grammatica delle lezioni 1 – 4.

Procedimento: Seguite il procedimento illustrato nell'Introduzione a p. 26 (*Ancora più chiaro*) integrandolo con le indicazioni specifiche del manuale. Se in classe ci sono studenti nuovi, spiegate la funzione di queste attività e guidate con particolare cura lo svolgimento delle singole fasi.
Rispetto a **Chiaro! A1**, ci sono due novità che riguardano il gioco: innanzi tutto, le regole sono formulate in italiano, per cui, benché ricalchino quelle del primo volume, prima di dare il via all'attività sarà opportuno accertarsi che siano state comprese. Inoltre, le indicazioni contenute nelle caselle prive di compito linguistico sono formulate all'imperativo perché questo modo verbale verrà introdotto nel corso del volume: se qualcuno dovesse chiedere come mai ai punti 9, 16, 27, 33 si trovino le forme *torna* e *passa* – al posto di *torni* e *passi* (v. **Chiaro! A1**) – dite dunque che mentre nel primo volume tali caselle si limitavano a descrivere ciò che il giocatore faceva, d'ora in poi esse contengono vere e proprie istruzioni da eseguire e informate gli studenti che la funzione comunicativa "dare istruzioni" sarà oggetto di studio in **Chiaro! A2**.

Test Unità 1 – 4
A pagina 149 si trova un test a scelta multipla concepito come compito individuale da svolgersi a casa. Le soluzioni si trovano a pagina 4 dell'apposito fascicolo.

Attività supplementari:
A partire dalla lezione 5 potete svolgere – a seconda delle esigenze – le attività *Guarda che storia!* e *Carta dei diritti degli studenti – Imparare parole nuove*.
Informazioni dettagliate e materiali sono disponibili sul sito.

Cibo come cultura

Temi: cibo e ritmi di vita.

Obiettivi comunicativi: dire se un'attività piace o non piace e motivare; raccontare un'esperienza piacevole; spiegare in che cosa consiste una pietanza o prodotto alimentare; capire una ricetta; parlare di cibo e stili di vita.

Grammatica e lessico: il passato prossimo dei verbi riflessivi; il pronome relativo *che*; il superlativo assoluto; la differenza fra aggettivo e avverbio; prodotti alimentari, pietanze, tipi di cottura, lessico delle ricette.

1 Per iniziare

Obiettivo: introdurre il tema 'picnic'.

Procedimento: Fate aprire il libro a pagina 51 (o, meglio ancora, proiettate un lucido a colori mostrando la parte superiore dell'immagine, senza il titolo), ponete a voce la domanda contenuta nella consegna e chiedete agli studenti di parlarne in coppia. Dopo qualche minuto riportate il discorso in plenum e raccogliete le idee emerse chiedendo sempre di motivare le proposte in base all'immagine.
Se avete una classe abbastanza creativa potete invece procedere diversamente: innanzi tutto, fotocopiate e ritagliate la parte superiore della foto (senza il titolo della lezione). A libro chiuso, consegnate un ritaglio a ogni coppia o gruppo di studenti. Dite loro di lavorare con la fantasia per immaginare il 'retroscena' e costruire una rete di rapporti fra queste persone: che relazione c'è fra di loro? Come mai ci sono quattro donne, ma un solo uomo? Invitate gli studenti a sbizzarrirsi il più possibile e assegnate loro cinque/dieci minuti di tempo (dipende dalla loquacità della classe).

Formate poi dei nuovi gruppi unendo studenti 'provenienti' da gruppi diversi, invitateli a raccontarsi quello che hanno inventato e a scegliere il 'retroscena' più originale e/o divertente. Per concludere fate svolgere, in coppia, l'attività del punto 1, seguendo le indicazioni del manuale.

Se quest'attività viene svolta all'inizio di una lezione (cioè non subito dopo il compito di gruppo di *Ancora più chiaro 1*, che prevede l'utilizzo della pagina a fronte), potete optare per una procedura alternativa. Per esempio una delle seguenti.
• *A libro chiuso*: fotocopiate a colori l'immagine e ritagliate le singole persone in modo da ottenere delle 'figurine'. Mettete poi le figurine ben mescolate in una busta: ci vorranno tante buste con 5 figurine quanti saranno i gruppi o le coppie di studenti che deciderete di far lavorare. Consegnate dunque a ogni coppia / gruppo una busta: a turno, gli studenti dovranno estrarre una figurina, descriverne l'aspetto esteriore (aspetto fisico e abbigliamento) e poi fare insieme ai compagni delle supposizioni su quella persona: quanti anni può avere, che lavoro fa, ha famiglia o no ecc. Descritte tutte e cinque le persone, si ricomporrà

il 'quadretto' e si faranno ulteriori supposizioni: dove sono queste persone? Che cosa fanno? Che rapporto c'è tra di loro? Assegnate per questo lavoro circa dieci minuti, dopodiché riportate il discorso in plenum, dividete la classe in coppie o formate coppie diverse e fate svolgere l'attività 1 con il supporto della foto (grazie alla quale si potranno verificare alcune ipotesi).

• *A libro chiuso*: fotocopiate e ritagliate il profilo di gruppo con tovaglia (senza paesaggio), dividete gli studenti in gruppi o coppie e invitateli a fare delle ipotesi seguendo la traccia del 'chi-cosa-come-dove-quando': chi sono queste persone, cosa fanno, dove potrebbero essere, che stagione potrebbe essere ecc. Fate poi aprire il libro e dividete la classe in coppie o formate coppie diverse e fate svolgere l'attività 1 con il supporto della foto (grazie alla quale si potranno verificare alcune ipotesi).

2 Una domenica speciale
(ASCOLTARE)

Obiettivo: sviluppare la comprensione auditiva.

Procedimento: a. Fate ascoltare il track 13 una prima volta a libro chiuso procedendo come indicato nell'Introduzione a p. 9 (*Fase 1 – Comprensione globale*). Fate poi leggere individualmente i compiti da risolvere (se qualcuno dovesse chiedere che cos'è la Pasquetta, limitatevi per ora a dire che è il lunedì dopo Pasqua) e fate ascoltare una seconda volta, procedendo come indicato nell'Introduzione a p. 10 (*Fase 2 – Comprensione più dettagliata*).

b. Formate delle coppie, fate leggere il compito accertandovi che sia chiaro e invitate gli studenti a discutere. Per verificare se i criteri elaborati corrispondono a quelli reali, si ascolterà il track 14, procedendo come indicato nell'Introduzione a p. 10 (*Fase 2 – Comprensione più dettagliata*).

c. Dite agli studenti di guardare le foto e chiedete loro a quale squadra assegnerebbero

il primo premio e perché. Fate infine ascoltare il track 15 per verificare chi ha indovinato.

Soluzioni:
a. Anna è andata a una gara di picnic. Ci è andata con delle amiche. A lei piace fare picnic, al suo amico non tanto.
b. La giuria ha valutato i picnic in base al menu, all'ambientazione, ma soprattutto in base alla simpatia (cortesia e calore nei confronti degli ospiti).
c. Ha vinto il picnic che si vede nella foto n. 3, realizzato da un gruppo di Prato.

Trascrizione:
(Track 13)

■ Oh, ciao! Chi si vede!

► Ciao! Ma... perché "chi si vede"?

■ Eh, perché ieri ti ho chiamato, ma non ti ho trovato né a casa né al cellulare.

► Eh, il cellulare si è rotto, infatti ne ho appena comprato uno nuovo, vedi?... E ieri sono andata a un picnic...

■ A un picnic? Come ai tempi della nonna...

► Macché nonna e nonna, se lo facciamo ogni Pasquetta e ci vieni sempre anche tu!

■ Sì, ma a Pasquetta è diverso...

► Diverso... quello di ieri era diverso: era una gara.

■ Una gara? Una gara di che?

► Come una gara di che? Era una gara di picnic! Eravamo in 400, tra famiglie, coppie, gruppi di amici... divisi in squadre.

■ Ah. Ma queste squadre si sono formate lì per lì oppure vi siete proprio iscritti?

► No no, ci siamo iscritti. Io mi sono messa d'accordo con un gruppo di amiche e una di noi ha iscritto la squadra.

■ Ah tutte donne...

► Sì, questa volta sì. E insomma ogni squadra si è preparata già a casa e poi lì ha presentato il suo picnic, proprio con il classico cestino di vimini, la tovaglia a quadretti sul prato, l'ombrellone...

■ Ma "lì" dove?

► A Pratolino, nel parco di Villa Demidoff.

- ■ Ma va! Addirittura in un parco mediceo...
- ▶ Eh, sì.
- ■ E la gara in cosa consisteva, scusa?
- ▶ Eh c'era una giuria, che ha valutato i picnic in base a...

...

(Track 14)

- ▶ Eh c'era una giuria, che ha valutato i picnic in base alla qualità del cibo, ma soprattutto in base all'affettuosità e all'accoglienza.
- ■ "Affettuosità" e "accoglienza"? E, scusa, che significa?
- ▶ Eh, significa che non bastava preparare un menu buono e fantasioso, ma bisognava anche invitare le altre persone a mangiare. Ed essere cortesi con loro, simpatici, carini, gentili...
- ■ ... con persone mai viste prima...?
- ▶ E certo, proprio qui stava l'accoglienza: essere carini, addirittura affettuosi con persone mai viste prima. E i tre picnic "più affettuosi" hanno ricevuto come premio dei buoni spesa da 1000, 2000 e 3000 euro.
- ■ Ah, però! Mica male!
- ▶ E no, per niente. Poi c'era anche un premio per la simpatia, che è andato a un bambino.
- ■ E che squadra ha vinto?

(Track 15)

- ▶ Ha vinto un gruppo di Prato che ha creato un'ambientazione marinara, come negli anni '30. E questo gruppo ha lavorato una settimana per preparare tutto a mano: costume da bagno a righe, rigorosamente intero...
- ■ ... ma c'erano anche uomini?
- ▶ Sì sì anzi, il caposquadra era proprio un uomo, anche lui in costume intero e con la cuffietta in testa. Poi ombrellone blu e tovaglia bianca. E grammofono in prestito. E menu toscano (finocchiona, panzanella, ciambellone eccetera). Erano proprio carinissimi.
- ■ Mah... comunque tu ti sei divertita, mi par di capire...
- ▶ Sì! Noi non abbiamo vinto niente, ma ci siamo divertite un sacco. Ma senti, perché mi hai chiamato ieri?

Scheda informativa

Pasquetta: è il termine popolare con cui si definisce il lunedì dell'Angelo, cioè il giorno dopo Pasqua, che prende il nome dall'incontro dell'angelo con le donne giunte al sepolcro di Gesù. In Italia il giorno di Pasquetta si trascorre insieme a parenti e/o amici facendo una scampagnata, una gita con attività all'aperto, una grigliata o un picnic sull'erba. Secondo un'interpretazione legata allo spirito pasquale, con la giornata fuori porta s'intenderebbe ricordare il viaggio dei discepoli verso Emmaus, quando, il giorno stesso della Resurrezione, Gesù appare a due di loro a pochi chilometri da Gerusalemme.

Villa Demidoff: così viene chiamata oggi quella che un tempo era una villa fatta edificare a Pratolino (Firenze) da Francesco I de' Medici in una tenuta acquistata nel 1568. Nel 1822 il palazzo fu demolito e nel 1937 la tenuta fu acquistata dal principe di origine russa Paolo Demidoff. Dal 1981 il complesso è di proprietà dell'Amministrazione Provinciale di Firenze ed è destinato a parco pubblico. Qui, il 6 luglio 2008, si è svolta la prima Festa nazionale a premi di picnic, cui hanno partecipato 400 persone divise in 112 squadre. Una giuria ha scelto i tre migliori picnic non solo in base alla qualità, ma soprattutto in base al grado di "affettuosità".

3 **Divertente o noioso?**
(PARLARE)

Procedimento: Formate delle coppie, fate leggere il compito e accertatevi che sia chiaro. Procedete poi come indicato nell'Introduzione a p. 14 (*Produzione orale*).

4 Ci siamo divertite
(ASCOLTARE, SCOPRIRE LA GRAMMATICA)

Obiettivo: scoprire la regola relativa al passato prossimo dei verbi riflessivi.

Procedimento: **a.** Fate svolgere l'attività individualmente, poi fate confrontare in coppia. Per la verifica si ascolterà il track 16, dopodiché gli studenti vi detteranno la soluzione che voi trascriverete su lucido o alla lavagna.

b. Procedete poi come illustrato nell'Introduzione a p. 16 (*La grammatica*).

Soluzione:
a. sono; iscritti; siamo; messa; è
b. Il passato prossimo dei verbi riflessivi si forma con pronome riflessivo + *essere* + participio passato del verbo principale. Poiché l'ausiliare è sempre *essere*, la desinenza del participio si concorda con il soggetto.
divertirsi → (io) *mi sono divertito/a*, (tu) ti sei divertito/a, (lui) *si è divertito*, (lei) si è divertita, (noi) ci siamo *divertiti/e*, (voi) vi siete divertiti/e, (loro) si sono divertiti/e

5 Mi sono divertito un sacco!
(PARLARE)

Procedimento: Formate dei gruppi, fate leggere il compito e accertatevi che sia chiaro. Raccomandate ai gruppi di scegliere un portavoce che più tardi dirà alla classe quale situazione è risultata più divertente e/o originale. Procedete poi come indicato nell'Introduzione a p. 14 (*Produzione orale*).

6 Che cos'è?
(LAVORARE CON IL LESSICO, SCOPRIRE LA GRAMMATICA)

Obiettivi: imparare a spiegare in che cosa consiste un prodotto o una pietanza; introdurre il pronome relativo *che*.

Grammatica e lessico: prodotti alimentari, pronome relativo *che*.

Procedimento: **a.** Fate svolgere quest'attività in tre fasi (esecuzione individuale, confronto a coppie, verifica in plenum).

b. Invitate gli studenti a rileggere la definizione del ciambellone per poter completare la frase. Chiedete quindi qual è la differenza tra la definizione originale e quella riportata più sopra (la definizione più sopra è formulata in due frasi con ripetizione della parola 'ciambellone', mentre quella originale è formulata con una sola frase senza ripetere la parola 'ciambellone', al posto della quale c'è *che*).

c. Dite agli studenti che quel *che* è un pronome relativo e chiedete loro di evidenziare nei testi del punto **a** tutti gli altri *che*. Poi formate delle coppie, fate leggere le domande e lasciate qualche minuto per discutere. Riportate infine il discorso in plenum e procedete come illustrato nell'Introduzione a p. 16 (*La grammatica*).

Soluzioni:
a. 1 → panzanella; 2 → ciambellone; 3 → finocchiona
b. che
c. Nel primo testo *che* si riferisce a *ciambellone*, nel secondo a *finocchiona*, nel terzo una volta a *panzanella* e una volta a *uomini*. Il pronome relativo unisce due informazioni ed evita ripetizioni, può sostituire un soggetto o un oggetto diretto. La sua caratteristica principale è l'invariabilità.

Scheda informativa

Finocchiona: è la regina dei salumi toscani, tipica soprattutto del Chianti senese. I semi di finocchio, che ancora oggi ne caratterizzano l'aroma, si usavano un tempo non tanto per la conservazione, quanto per mascherare l'eventuale deterioramento della carne.

7 Di maiale o di vitello?

(LAVORARE CON IL LESSICO, SCRIVERE E PARLARE)

Obiettivi: a. ampliare il lessico di base relativo a ingredienti e modalità di cottura; **b.** esercitarsi a spiegare una pietanza e a parlare di cibo.

Procedimento: a. Fate svolgere quest'attività in due fasi: esecuzione individuale e verifica in plenum.

b. Chiedete agli studenti di pensare a una pietanza o a un prodotto e a scrivere una definizione: ne basta una breve come quella del ciambellone e se non si conoscono piatti italiani se ne può descrivere uno del proprio Paese. Procedete come illustrato nell'Introduzione a p. 14 (*Produzione scritta*). Poi formate delle coppie e invitate gli studenti a confrontarsi sulla base delle domande contenute nella consegna.

Soluzione:
a. **carne:** di manzo, di vitello, di pollo; **aromi:** prezzemolo, zafferano, origano, rosmarino; **cottura:** al forno, in padella, in casseruola

8 La panzanella

(LAVORARE CON IL LESSICO)

Obiettivo: imparare a capire una ricetta.

Grammatica e lessico: il vocabolario della cucina (verbi, utensili e alcune espressioni d'uso frequente).

Procedimento: a. Fate svolgere quest'attività individualmente, poi verificate in plenum eventualmente con l'aiuto di un lucido.

b. Svolgete quest'attività in tre fasi (esecuzione individuale, confronto a coppie, verifica in plenum). Evidenziate poi lo specchietto *Grammatica* e scrivete alla lavagna due esempi già comparsi nel primo volume come elementi lessicali: "congratulazioni *vivissime*" (U 6) e "*moltissime* occasioni di svago" (U 10), quindi chiedete agli

studenti come si forma il superlativo assoluto e guidateli nella formulazione della regola (si forma con la radice dell'aggettivo + *issimo/a*, gli aggettivi in *-e* cambiano così desinenza: *grande → grandissimo*). Spiegate infine i termini eventualmente ancora oscuri cercando di farlo il più possibile con l'aiuto dei disegni, di sinonimi o di perifrasi: tenete presente che ciò tornerà utile ai discenti per l'attività successiva e che questa strategia di compensazione sarà tematizzata nella pagina del Portfolio.

Soluzioni:
a. a → mescolare; b → condire; c → tagliare; d → aggiungere; e → mettere; f → strizzare
b. mettere, tagliare, strizzare, mettere, condire, mescolare, aggiungere, mettere

9 Un ospite italiano

(PARLARE)

Procedimento: A libro chiuso, dite agli studenti di 'trasferirsi' mentalmente in un ristorante perché sarà lì che si svolgerà la prossima attività. Pregateli di immaginarsi seduti a tavola con un amico: sono il signor A e il signor B. Distribuite i cartoncini-ruolo preparati con la scheda disponibile sul sito (o fate leggere le consegne, raccomandando che ognuno consideri esclusivamente le proprie) e invitate le coppie a calarsi nella parte. Se volete, potete completare l'ambientazione assumendo il ruolo del cameriere e distribuendo dei menu locali per facilitare gli studenti meno fantasiosi. Accertatevi che il compito sia chiaro e procedete poi come indicato nell'Introduzione a p. 14 (*Produzione orale*).

10 Gli italiani e la tavola

(LEGGERE E PARLARE)

Obiettivi: a. sviluppare la comprensione della lingua scritta; **b.** parlare di cibo e ritmi di vita.

Grammatica e lessico: *maggiore* / la *maggioranza*, uso di alcuni verbi legati al cibo.

Procedimento: Riproducete su lucido la pagina 56.

a. A libro chiuso, mostrate il titolo *Gli italiani e la tavola* e chiedete agli studenti che cosa sanno su questo tema: formate delle coppie e lasciate loro un paio di minuti per scambiarsi le informazioni. Mostrate poi i titoli elencati ai sottopunti 1–5, chiarite eventuali dubbi lessicali e dite che il compito consisterà nell'abbinare ogni titolo a un minitesto. Raccomandate agli studenti di procedere come nel Portfolio della lezione 2: anche qui si tratta di leggere rapidamente alla ricerca di parole e concetti chiave che consentano di scoprire il tema principale di ogni testo. Assegnate due minuti di tempo, fate aprire i libri e date il via alla lettura. Scaduto il tempo, fate confrontare i risultati in coppia, quindi controllate in plenum facendovi dire le soluzioni. Seguirà una seconda lettura con il compito di approfondire la comprensione generale dei testi.

b. Formate delle coppie e invitate gli studenti a confrontarsi sulla base della traccia contenuta nella consegna. Concludete l'attività evidenziando lo specchietto *Lingua*, senza tuttavia dilungarvi in spiegazioni grammaticali (altre forme irregolari del comparativo verranno trattate nella lezione 8).

Soluzione:
a. 3, 4, 1, 5, 2

11 Vorrei assaggiare...
(LAVORARE CON IL LESSICO)

Obiettivo: fissare alcune collocazioni con verbi che si riferiscono al cibo.

Procedimento: Fate svolgere l'attività individualmente, poi dite agli studenti di controllare con l'aiuto del testo raccomandando loro di non cancellare ulteriori soluzioni che gli sembrano

plausibili: potrebbero essere accettabili. Verificate infine in plenum discutendo le varie combinazioni emerse.

Soluzione:
occupare un posto; consumare un pasto; cucinare per un'ora; assaggiare / consumare / cucinare una pietanza; stare davanti ai fornelli; mantenere una tradizione

12 L'italiano che è in noi
(SCRIVERE E PARLARE)

Procedimento: Per tutte le fasi seguite le indicazioni del manuale tenendo conto di quanto si dice nell'Introduzione a p. 15 (*Compiti di gruppo*). Nel sito di *Chiaro!* trovate una scheda che potrete fornire agli studenti per scrivere le domande e le risposte.

Attività alternativa: se avete una classe un po' debole, potete sostituire quest'attività con il *Questionario gastronomico* che trovate nel sito.

13 È veramente buono!
(SCOPRIRE LA GRAMMATICA)

Obiettivi: scoprire la differenza fra aggettivo e avverbio.

Grammatica e lessico: contrasto aggettivo / avverbio; *molto* in funzione aggettivale e in funzione avverbiale.

Procedimento: a. – b. Seguite le indicazioni del manuale e procedete come illustrato nell'Introduzione a p. 16 (*La grammatica*). Alla fine richiamate l'attenzione sullo specchietto che evidenzia la doppia funzione di *molto*: chiedete agli studenti che cosa c'è di diverso fra un uso e l'altro (come avverbio *molto* è invariabile, esce sempre in *-o*; come aggettivo concorda in genere e numero con la parola a cui si riferisce).

Soluzioni:

a. bene; certamente; certa

b. L'aggettivo accompagna un sostantivo. L'avverbio accompagna un verbo o un aggettivo.

14 Una gara di picnic
(PARLARE E SCRIVERE)

Procedimento: Per tutte le fasi seguite le indicazioni del manuale tenendo conto di quanto si dice nell'Introduzione a p. 15 (*Compiti di gruppo*).

Culture a confronto

Gastronomia e gastronomie

Obiettivo: riflettere sulla cultura gastronomica dei vari Paesi.

Procedimento: **a.** A libro chiuso, ponete la domanda contenuta nella consegna, quindi formate delle coppie e invitate gli studenti a parlarne. Raccogliete poi le idee in plenum.

b. Dopo qualche minuto, dite agli studenti di verificare le loro ipotesi leggendo il testo. Raccogliete poi in plenum i risultati della verifica.

c. Fate svolgere questo compito in coppia, dopo esservi accertati che sia chiaro. Dite agli studenti di aiutarsi con la carta d'Italia che si trova all'interno della copertina. Verificate poi in plenum. Gli studenti noteranno così che i nomi di tutte le pietanze raffigurate nelle foto sono derivati da nomi di città, il che conferma la tesi sostenuta da Carlo Petrini nel testo del punto **a** e dimostra come nella cultura gastronomica si rispecchi, fra l'altro, l'antica storia e tradizione comunale del nostro Paese.

d. Formate ora dei gruppi e invitate gli studenti a discutere sulla base della traccia proposta. Concludete anche questa fase raccogliendo le idee in plenum.

Carlo Petrini è il fondatore di Slow Food, associazione no-profit nata nel 1986 a Bra che si propone di dare la giusta importanza al piacere legato al cibo attraverso l'educazione al gusto, la lotta all'omologazione, la salvaguardia delle cucine locali e dei prodotti tradizionali. Oggi Slow Food conta 100.000 iscritti con sedi in Italia, Svizzera, USA, Francia, Giappone, Regno Unito e aderenti in 130 Paesi.

Couscous (o cuscus) di pesce alla Trapanese: è un piatto tipico di Trapani preparato con semola a grana grossa. La cucina siciliana è influenzata da quelle dei vari dominatori stranieri che si sono succeduti nel corso del tempo e quindi anche dalla cucina araba, da cui viene il couscous. La ricetta trapanese, però, prevede un condimento a base di pesce che rende la pietanza diversa da quella araba, preparata con carne e verdure.

Mostarda di Cremona: è una specialità tipica della Lombardia e in particolare della città di Cremona, nota anche per il torrone. È preparata con frutta mista (mele, pere, albicocche, ciliegie), intera o tagliata a pezzi grossi, zucchero e senape. Ha un caratteristico sapore dolce, ma leggermente piccante. Si abbina a varie pietanze, per esempio al bollito di carne. Un tempo preparata nei monasteri locali, oggi è soprattutto un prodotto industriale.

Risotto alla milanese: piatto tipico del capoluogo lombardo a base di riso, midollo di bue e zafferano. Quest'ultimo ingrediente gli conferisce il caratteristico colore dorato.

Prosciutto di Parma: prosciutto crudo prodotto in un'area geografica che comprende il territorio della provincia di Parma posto a sud della via Emilia a distanza di almeno 5 km da questa, fino ad un'altitudine di m. 900, delimitato a est dal fiume Enza e a ovest dal torrente Stirone. L'intera lavorazione in questa zona tipica garantisce il riconoscimento di Origine Protetta. Nella provincia di Parma esiste un circuito di Musei del cibo, di cui fanno parte il Museo del Prosciutto (Langhirano), il Museo del Salame (Felino), il Museo del Pomodoro (Giarola) e il Museo del Parmigiano Reggiano (Soragna).

Saltimbocca alla romana: specialità culinaria romana consistente in una fettina di carne di vitello tenera arrotolata con prosciutto e salvia e fatta rosolare nel burro con una spruzzata di vino bianco. Il nome (sostantivo maschile invariabile) deriva dall'espressione "salta in bocca".

Fegato alla veneziana: pietanza tipica della cucina veneta preparata con fegato e cipolle bianche.

Bistecca alla fiorentina: è un taglio della lombata di vitellone (in Toscana di razza chianina), ha nel mezzo l'osso a forma di "T", con il filetto da una parte e il controfiletto dall'altra, ed è alta almeno 2 dita. Pesa 600 – 800 grammi. Si cuoce alla griglia, senza condimento, e va servita al sangue o comunque poco cotta.

Pesto alla genovese: salsa fredda tipica della Liguria e in particolare di Genova. Si prepara con basilico, olio extravergine di oliva, formaggio grattugiato (parmigiano e pecorino), aglio, pinoli o noci, sale grosso. Si usa per condire vari tipi di pasta (trofie, trofiette, trenette).

Olive ascolane (o all'ascolana): sono il piatto più rappresentativo della cucina marchigiana e in particolare di Ascoli Piceno. Si tratta di olive tenere, dalla polpa molto dolce, preparate con un ripieno di carne macinata, salumi e verdure, quindi impanate e soffritte in padella.

Pastiera napoletana: è un dolce di pasta frolla che non può mancare sulla tavola dei napoletani a Pasqua. Simbolo della primavera, ha due ingredienti che la rendono inconfondibile: l'acqua di fiori d'arancio e il grano cotto. Ulteriori ingredienti sono la ricotta di pecora, il cedro, arancia e zucca canditi, il limone.

Portfolio

Autovalutazione – Obiettivo: fare un bilancio della quinta lezione.

Procedimento: Procedete come indicato a p. 25 dell'Introduzione (*Portfolio*).

Con parole mie – Umschreiben

Strategie – Obiettivo: riflettere su una strategia di compensazione: la perifrasi.

Procedimento: **a.** A libro chiuso, fate notare agli studenti quante parole nuove abbiano incontrato in questa lezione e dite che ci vorrà probabilmente un po' di tempo prima che le abbiano memorizzate stabilmente. È perciò importante dotarsi di strategie utili a compensare l'eventuale mancanza del vocabolo esatto in situazioni comunicative: una di queste strategie è la perifrasi, già vista e messa in pratica in questa lezione. Si tratta ora di rifletterci su per impadronirsene bene. Fate dunque leggere l'introduzione e gli esempi del punto **a**, accertandovi che siano chiari. Fate poi una prova: mostrate agli studenti un foglio su cui avrete scritto un vocabolo noto (o avrete incollato l'immagine corrispondente) e chiedete «Che cos'è?». Invitate quindi la classe a rispondere formulando il maggior numero di perifrasi possibile. Ripete la prova un paio di volte.

b. Formate ora dei gruppi e dite agli studenti di leggere la domanda e di raccogliere idee in proposito.

c. Invitate infine la classe a mettere in pratica tutti i suggerimenti emersi con il gioco qui proposto. Il vostro ruolo sarà quello dell'arbitro che potrà essere interpellato per risolvere questioni controverse.

Imprevisti delle vacanze

Temi: imprevisti al mare, la salute in vacanza.

Obiettivi comunicativi: raccontare un evento imprevisto verificatosi in vacanza; descrivere un sintomo; parlare con il medico; chiedere e dare consigli per la salute; dare indicazioni e istruzioni; comprendere il foglietto illustrativo di un medicinale.

Grammatica e lessico: il plurale irregolare di alcuni sostantivi; l'imperativo di cortesia (forma positiva e negativa); la posizione dei pronomi con l'imperativo di cortesia; il corpo umano; collocazioni con i verbi *mettere e prendere* + medicinali.

1 Per iniziare

Obiettivo: introdurre il tema vacanze e attività 'da spiaggia'.

Procedimento: Potete utilizzare la foto per introdurre lessico 'marinaro' utile che comparirà, in parte, nel corso della lezione. Fotocopiate la scheda che trovate nel sito, ritagliate un set di carte per ogni coppia di studenti e mettete ogni set in una busta. A libro chiuso, consegnate le buste e dite alla classe che al vostro via bisogna aprirle e cercare di abbinare ogni espressione a un elemento della foto di pagina 61 (rigorosamente senza consultare il glossario, il dizionario o altro). La prima coppia che pensa di avere finito dice stop e voi controllate gli abbinamenti: se sono tutti corretti la coppia ha vinto, altrimenti si continua. Concludete questa fase con una verifica in plenum. Passate poi al punto 1: formate dei gruppi, fate leggere le domande e invitate gli studenti a parlarne.

2 Avventure in spiaggia
(LEGGERE, LAVORARE CON IL LESSICO)

Obiettivo: **a.** sviluppare la comprensione della lingua scritta (notizie di cronaca); **b.** ampliare e sistematizzare il lessico tematico.

Procedimento: **a.** Lo scopo principale di quest'attività è, come al punto 10 della lezione precedente, far sì che discenti scoprano attraverso l'esperienza i vantaggi della lettura orientativa – cioè rapida, svolta con l'obiettivo di farsi un'idea generale dell'argomento e basata sull'uso di parole chiave come 'bussole' che consentono di trovare velocemente la strada anche in presenza di parole e/o forme sconosciute – rispetto alla tecnica del 'capire tutto e subito'. Questo tipo di lettura è abbinato a un compito preciso e chiaramente delimitato al fine di guidare su tale sentiero anche i discenti più insicuri e legati alla comprensione parola per parola. La 'bussola' offerta in questo caso è costituita dalle immagini, i cui contenuti si ritrovano, verbalizzati, nei testi che verranno letti. Pregate dunque gli studenti di osservare bene le foto (ignorando o meglio ancora coprendo i testi sottostanti) e immaginare la notizia di cronaca che ciascuna di esse potrebbe illustrare. Date un minuto di tempo per aguzzare la vista e lavorare con la fantasia, poi ponete a voce alta la domanda contenuta nella consegna e date il via alla lettura. Procedete quindi come indicato nell'Introduzione a p. 12 (*Gli input scritti – Procedimento*).

b. Seguite le indicazioni del manuale e svolgete l'attività in tre fasi (esecuzione individuale, confronto a coppie, verifica in plenum). Prima di dare il via alla ricerca, raccomandate agli studenti di sottolineare non solo i vocaboli, ma anche i loro articoli (laddove sono usati); in fase di verifica chiedete quale articolo bisogna aggiungere alle due parole già presenti nella mappa ed evidenziate la differenza di significato fra *bagnante* e *bagnino*. Per concludere, chiedete se qualcuno conosce qualche altro vocabolo in tema e inseritelo nello schema.

Soluzioni:
a. L'intruso è la foto n. 2.
b. il bagnante / i bagnanti; la sabbia; (il) litorale; (gli) ombrelloni; (le) sedie a sdraio; (la) Guardia Costiera; (il) salvataggio; (il) *mare*; i cani salvataggio / cani-bagnino; (*la*) corrente; (la) riva; (il) salvagente; (l') acqua; tuffarsi; salvare

3 È successo anche a voi?
(PARLARE)

Procedimento: Formate dei gruppi, fate leggere il compito e accertatevi che sia chiaro. Procedete poi come indicato nell'Introduzione a p. 14 (*Produzione orale*).

4 Bagnanti
(LAVORARE CON IL LESSICO, SCOPRIRE LA GRAMMATICA)

Obiettivi: a. introdurre e sistematizzare il lessico di base relativo al corpo umano; **b. – c.** tematizzare alcuni plurali irregolari. L'attività serve anche come pre-lettura.

Procedimento: a. Eventualmente riproducete su lucido il disegno di pagina 63. Fate svolgere l'attività individualmente, poi verificate in plenum.

b. – c. Seguite le indicazioni del manuale e procedete come illustrato nell'Introduzione a p. 16 (*La grammatica – Procedimento*).

Soluzioni:
a.

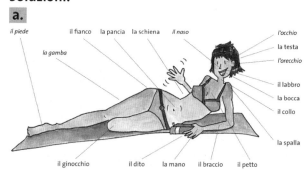

b. Il nome al plurale è *le braccia*, che presenta due particolarità: al singolare è maschile, mentre al plurale è femminile (come si evince dagli articoli) e al plurale prende la desinenza *-a* (non *-i*).
c. le dita, le ginocchia, le labbra

Attività supplementare: Più avanti potrete ripetere i nomi delle parti del corpo con il memory disponibile sul sito. Inserite quest'attività in un momento strategico verso la fine della lezione (per esempio dopo il punto 10 o 11), regolandovi in base al tempo a disposizione.

5 Che cosa è successo?
(ASCOLTARE)

Obiettivo: sviluppare la comprensione auditiva.

Procedimento: Se quest'attività si svolge all'inizio di una lezione, potete farla precedere da una ripetizione del lessico introdotto in quella precedente utilizzando la scheda disponibile sul sito, che ripropone il disegno di pagina 63 senza le parole: a libro chiuso, consegnate la scheda agli studenti e dite loro di completarla con i nomi delle parti del corpo. Date un paio di minuti di tempo e poi fate confrontare in coppia: vince chi ha più vocaboli al posto giusto. Ogni coppia cercherà poi di ricordarsi quali parole hanno un plurale irregolare e lo scriveranno sul loro foglio.

a. Trascrivete su lucido o alla lavagna solo il primo compito (*Queste persone hanno dei problemi...*), accertatevi che sia chiaro e fate ascoltare il track 17 una prima volta a libro chiuso, procedendo come indicato nell'Introduzione a p. 9 (*Fase 1 – Comprensione globale*). Fate poi leggere individualmente gli altri compiti da risolvere, chiarite eventualmente il lessico e fate ascoltare una seconda volta, procedendo come indicato nell'Introduzione a p. 10 (*Fase 2 – Comprensione più dettagliata*).

b. Formate delle coppie, fate leggere il compito accertandovi che sia chiaro e invitate gli studenti a discutere.

c. Invitate gli studenti a verificare la correttezza delle loro ipotesi e fate ascoltare l'inizio del track 18 (fino a ...*Il bambino è un codice verde. Abbia pazienza!*). Giunti a una soluzione condivisa, fate leggere l'ultimo compito, chiarite eventualmente il lessico e procedete ad un ulteriore ascolto, tenendo conto di quanto si dice nell'Introduzione a p. 10 (*Fase 1 – Comprensione più dettagliata*).

Soluzioni:
a. Sono andate al pronto soccorso. Dialogo 1 → un uomo, Dialogo 2 → un bambino; Paziente 1 → mal d'orecchie e mal di testa, Paziente 2 → puntura di vespa

b. il codice bianco

c. Dialogo 1 (bambino) → Deve prendere delle gocce per bocca (tre volte al giorno). Dialogo 2 (uomo) → Deve mettere delle gocce nelle orecchie (tre volte al giorno), evitare le immersioni, non prendere freddo.

Trascrizioni:
(Track 17)
Dialogo 1
◆ Buongiorno.
▷ Buongiorno, mi dica.
◆ Senta, io ho fatto il bagno, mi sono tuffato e mi è entrata acqua nelle orecchie, credo, perché adesso non sento bene e mi fa male un orecchio.
▷ Quale?
◆ Mi fa male l'orecchio sinistro, però sento poco anche con il destro. Ho anche un po' di mal di testa.
▷ Ho capito, va bene. Allora si accomodi nella zona di attesa. Deve aspettare un po' perché oggi ci sono diverse persone.
◆ Ah. Va bene... aspetto.

Dialogo 2
● Buongiorno.
▷ Buongiorno. Il bambino ha dei problemi?
● Sì, una puntura di vespa qui sul piede, vede?
▷ Sì. Senta, suo figlio è allergico?
● No, non mi risulta. Ma l'irritazione è forte, si è gonfiata anche la caviglia... Per questo sono venuta qui al pronto soccorso.
▷ Ha fatto bene a venire. Senta, il bambino respira bene oppure ha avuto qualche problema a respirare?
● No, non ho notato problemi.
▷ A parte l'irritazione ha altri disturbi?
● No, mi sembra di no. Adesso si è calmato un po'.
▷ Quanti mesi ha il bambino?
● 15, 15 mesi.
▷ Va bene. Allora, si accomodi anche Lei nella zona di attesa.
● Va bene, grazie. C'è molto da aspettare? Sa, il bambino...
▷ No, non si preoccupi. Comunque io ritorno a controllare il bambino mentre aspettate.

(Track 18)

Dialogo 1

▷ Signora, venga!

◆ Io sono arrivato prima.

▷ Sì, ma non importa: Lei è un codice bianco, il meno urgente. Il bambino è un codice verde. Abbia pazienza!

■ Buongiorno, signora. ... Ciao!

● Buongiorno.

■ Allora, vediamo questa puntura di vespa. È già successo altre volte?

● Sì, una volta, ma è passato subito. L'irritazione non era così forte.

■ E il bambino ha qualche allergia?

● No, non mi risulta.

■ Ha altri problemi di salute, prende dei farmaci?

● No, è un bambino sano e non prende farmaci.

■ ... Non ha problemi di respirazione. Bene. Allora, signora, non si preoccupi: non ci sono sintomi di allergia. Compri queste gocce e le dia al bambino tre volte al giorno, per bocca. ... E tu stai tranquillo, passa subito, sai?

● Grazie. Arrivederci.

■ Arrivederci.

Dialogo 2

■ Buongiorno. Allora, Lei non sente bene e Le fa male l'orecchio sinistro. Da quanto tempo ha questo disturbo?

◆ Da ieri sera. Nel pomeriggio ho fatto il bagno...

■ Si è anche tuffato?

◆ Sì, sì. E da ieri sera sento le voci lontane, ovattate... E mi sembra di avere ancora dell'acqua nelle orecchie.

■ Ha avuto febbre? Mal di gola?

◆ No, no, no. Ho solo questo disturbo alle orecchie, un leggero mal di testa. Per il resto mi sento bene.

■ Ho capito. Vediamo ... Allora, Le do delle gocce per le orecchie: le metta tre volte al giorno. Per qualche giorno non faccia il bagno, o almeno eviti le immersioni, e non prenda freddo. Il disturbo dovrebbe passare con le gocce. Se non passa, vada da uno specialista.

◆ Va bene, grazie. Arrivederci.

■ Arrivederci.

6   Farmaci e verbi
(LAVORARE CON IL LESSICO)

Obiettivo: ampliare il lessico tematico, evidenziare alcune collocazioni con i verbi *mettere* e *prendere* + farmaco.

Procedimento: Fate svolgere l'attività in tre fasi: esecuzione individuale, confronto in coppia, verifica in plenum.

Soluzione:
mettere: il collirio, le gocce (nelle orecchie), la pomata; **prendere:** lo sciroppo, le pastiglie / le compresse, le gocce (per bocca)

7   La salute in vacanza
(PARLARE)

Procedimento: Formate dei gruppi, fate leggere il compito e accertatevi che sia chiaro. Procedete poi come indicato nell'Introduzione a p. 14 (*Produzione orale*).

8   Non si preoccupi!
(SCOPRIRE LA GRAMMATICA)

Obiettivo: introdurre l'imperativo di cortesia.

Procedimento: Si è scelto di introdurre per prima la forma dell'imperativo di cortesia a causa della frequenza d'uso nelle situazioni che i discenti si troveranno verosimilmente a 'sperimentare' durante le vacanze, come un caso d'emergenza che richiede l'intervento di esperti (qui: personale del pronto soccorso).

a. Fate ascoltare i mini-dialoghi una prima volta a libro chiuso, in modo da richiamare alla mente ciò che accade. Poi invitate gli studenti a completare i mini-dialoghi collocando al posto giusto le espressioni elencate; seguirà un confronto in coppia. Fate quindi ascoltare i testi ancora una o due volte affinché gli studenti

possano verificare ed eventualmente completare la ricostruzione del testo. Controllate infine in plenum e concludete questa fase con un ultimo ascolto affinché tutti possano convincersi che 'è proprio così'.

b. – **c.** Seguite le indicazioni del manuale procedendo come illustrato nell'Introduzione a p. 16 (*La grammatica*).

d. Formate delle coppie e date un paio di minuti per la prima fase (scrivere una lista di verbi). Unite poi le coppie a due a due e invitate gli studenti a giocare scambiandosi le liste e completandole con le forme dell'imperativo.

Soluzioni:
a. **1.** mi dica, Senta; **2.** Si accomodi, non si preoccupi; **3.** venga, Abbia; **4.** Compri, dia; **5.** metta, non faccia, eviti, non prenda, vada
b.

verbi regolari	
infinito	imperativo
evitare	*eviti*
comprare	compri
accomodarsi	si accomodi
preoccuparsi	(non) si preoccupi
prendere	prenda
sentire	senta

verbi irregolari	
infinito	imperativo
dire	dica
venire	venga
fare	faccia
andare	vada
avere	abbia
dare	dia

c. Verbi regolari: l'imperativo di cortesia si forma aggiungendo alla radice del verbo le desinenze -*i* per i verbi in -*are* e -*a* per i verbi in -*ere* e -*ire*; Verbi irregolari: l'imperativo di cortesia si forma partendo dalla prima persona singolare del presente indicativo e sostituendo la desinenza -*o* con la desinenza -*a* (p. es. (io) dico → (Lei) dic*a*!).

La negazione si mette davanti al verbo. I pronomi si mettono davanti al verbo e nella forma negativa fra *non* e il verbo.

9 In farmacia

Obiettivo: mettere in pratica la regola appena scoperta.

Procedimento: Formate delle coppie, fate leggere il compito e accertatevi che sia chiaro facendo un esempio insieme a uno studente (voi sarete A e porrete la domanda, lo studente sarà B e darà un consiglio). Assegnate un tempo di lavoro indicativo calcolato sui discenti più lenti: se alcune coppie dovessero aver finito molto prima delle altre, dite loro di inventare nuove domande e formulare risposte adeguate. Concluso il gioco, sarà bene prevedere una fase di verifica in plenum per eliminare eventuali insicurezze circa la soluzione: evidenziate soprattutto la forma *non si dimentichi* e dite che in questo modo funzionano tutti i verbi in *-care* e *-gare*, come già visto per l'indicativo presente.

Soluzioni:
1. Non resti al sole nelle ore più calde. Lo eviti assolutamente. 2. Indossi una maglietta e gli occhiali da sole. Non li dimentichi mai. 3. Usi creme solari ad alta protezione e le metta soprattutto sulle mani, sul collo, sul viso. 4. Non resti sdraiato/a al sole per ore, ma si muova e faccia attività fisica. 5. Legga un bollettino dei pollini: si ricordi che ogni regione è diversa. 6. Chiuda porte e finestre e le lasci chiuse nelle ore più calde. 7. Compri una mascherina e la metta sul naso e sulla bocca. 8. La prenda una volta al giorno.

10 Al centro di primo soccorso
(PARLARE)

Obiettivo: esercitarsi a chiedere e dare consigli.

Procedimento: Seguite le indicazioni del manuale e procedete poi come indicato nell'Introduzione a p. 14 (*Produzione orale*). Se la classe non si può dividere per 2, formate uno o più gruppi di 3 persone con 2 pazienti. Per assegnare i ruoli vi converrà preparare dei cartoncini utilizzando l'apposita scheda che trovate nel sito.

11 È un medicinale, usare con cautela!
(LEGGERE, LAVORARE CON IL LESSICO)

Obiettivo: **a.** – **b.** sviluppare la comprensione della lingua scritta (foglietti illustrativi di medicinali); **c.** sviluppare la comprensione del lessico farmaceutico.

Procedimento: I punti *a – c* vanno svolti tutti nella stessa lezione: se ve ne manca il tempo, rimandate quest'attività alla lezione successiva e sostituitela con il memory *Il corpo umano* proposto nel sito.

a. Fate svolgere quest'attività individualmente, poi verificate in plenum.

b. Svolgete l'attività in tre fasi (esecuzione individuale, confronto in coppia e verifica in plenum) evidenziando che nella vita quotidiana si cerca di ricavare dai testi d'uso come questi solo ciò che interessa caso per caso.

c. Fate svolgere il compito individualmente, poi verificate in plenum.

Soluzioni:
a. composizione → 1; forma farmaceutica → 4; indicazioni terapeutiche → 2; precauzioni d'impiego → 5; posologia e tempi di somministrazione → 3; effetti indesiderati → 6

b. per il bambino del punto 5: farmaco B, 2 / 3 volte al giorno; **per un bambino che ha la febbre e pesa 27 Kg:** farmaco A, 1 compressa da ripetere eventualmente dopo 6 ore (ma mai più di 4 volte al giorno); **per un adulto con eritema solare:** farmaco B 2/3 volte al giorno

c. *antipiretico – contro la febbre*; affezione – malattia, problema di salute; analgesico – contro il dolore; cefalea – mal di testa; dermatologico – per la pelle; applicare – mettere; frizionare – massaggiare; al dì – al giorno

12 Contro il mal d'amore Le consiglio...
(PARLARE E SCRIVERE)

Obiettivo: riutilizzare in forma ludica la grammatica e il lessico della lezione.

Procedimento: Per tutte le fasi seguite le indicazioni del manuale tenendo conto di quanto si dice nell'Introduzione a p. 15 (*Compiti di gruppo*). Per l'attività **a** potete fornire agli studenti la scheda che trovate nel sito.

Culture a confronto

La lingua del corpo

Obiettivo: riflettere sul linguaggio del corpo e sul suo significato nelle diverse culture concentrandosi su elementi diversi da quelli tematizzati nella lezione 9 di *Chiaro! A1*.

Procedimento: **a.** Formate dei gruppi, fate leggere le domande e invitate gli studenti a discuterne con l'aiuto dei disegni. Raccogliete poi le idee in plenum.

b. Formate dei gruppi diversi da quelli di prima e invitate gli studenti a discutere sulla base della domanda contenuta nella consegna. Raccogliete poi le idee in plenum.

Scheda informativa

a. e. f. La distanza interpersonale da tenere durante una conversazione varia molto nelle diverse culture. Ogni persona, però, percepisce intorno a sé una sorta di 'bolla' protettiva corrispondente alla distanza che le consente di sentirsi al sicuro da attacchi esterni o di difendersi da essi: chi oltrepassa questo limite mette a disagio l'interlocutore, anche se i gesti che hanno portato all'invasione di campo nella cultura del parlante non rappresentano aggressività. In Italia il raggio della sfera intima corrisponde più o meno alla lunghezza di un braccio teso, ma si può ridurre nelle conversazioni fra amici. In tal caso anche il contatto fisico è più frequente, soprattutto fra donne: gesti come quello di mettere una mano sulla spalla vengono interpretati come segno di confidenza. I contatti fisici tra uomini sono meno frequenti: abbracci e pacche sulle spalle sono tuttavia diffusi nei saluti e per condividere un'emozione (per esempio quella di un successo).

b. In Occidente guardare l'interlocutore negli occhi – gesto che in certe culture, per esempio quelle asiatiche, può essere interpretato come sfida – è considerato segno di franchezza. Viceversa, volgere lo sguardo altrove durante una conversazione viene inteso come segno di disinteresse per l'interlocutore e per ciò che dice.

c. Gli italiani sono soliti parlare con un tono di voce mediamente più alto di quello considerato 'normale' in molti altri Paesi, per esempio nel mondo anglosassone, dove un simile volume si raggiunge solo in caso di litigio. Quest'abitudine – spesso accompagnata da sovrapposizione di voci e interruzioni reciproche – viene spesso interpretata come indice di aggressività perché il suono può arrivare lontano e penetrare nella sfera intima di persone anche distanti. Inoltre è frequente che una tranquilla conversazione venga scambiata per una lite.

6

d. Parlando gli italiani usano le mani per rendere più efficace e 'plastica' la comunicazione: visualizzano, per così dire, il messaggio – anche attraverso la mimica facciale – affinché risulti più chiaro. L'intensità di questo comportamento può variare da individuo a individuo e di regione in regione, in genere è più accentuato al Sud. A causa di quest'abitudine gli italiani vengono spesso giudicati esuberanti, teatrali o addirittura invadenti e aggressivi (perché gesticolando finiscono appunto per invadere il campo dell'interlocutore).

g. In Italia i turni di parola durante una conversazione non vengono rispettati rigidamente: è normale che due o più persone parlino contemporaneamente interrompendosi spesso a vicenda. Tali interruzioni – che nella maggior parte delle altre culture vengono percepite come un attacco personale scortese – costituiscono spesso una forma di collaborazione con l'interlocutore, segnalano partecipazione e urgenza di comunicare un determinato messaggio. La sovrapposizione di voci e il caos che derivano da questo stile comunicativo fanno sì che per uno straniero, abituato ad attendere il proprio turno, sia difficile inserirsi nella conversazione.

h. In Italia la maggiore o minore accettazione di effusioni in pubblico, che in alcuni Paesi sono proibite per legge, è una questione individuale: dipende soprattutto dall'età dell'osservatore e/o dalla sua formazione nonché naturalmente dal grado di intimità esibito. Passa quasi inosservato il tenersi per mano e in genere non dà scandalo una coppia che si abbraccia e/o si bacia purché lo faccia con un certo 'garbo'.

i. In Italia indicare le persone con il dito è considerato scortese ed è una delle prime cattive abitudini che le mamme cercano di togliere ai bambini. Negli adulti non è assolutamente accettato.

Portfolio

Autovalutazione – Obiettivo: fare un bilancio della sesta lezione.

Procedimento: Procedete come indicato a p. 25 dell'Introduzione (*Portfolio*).

Strategie – Obiettivo: riflettere sull'uso del corpo come strumento di comunicazione e di apprendimento.

Non trovo le parole – Kommunizieren mit Gesten

Procedimento: Introducete l'argomento ricollegandovi al Portfolio dell'unità precedente, in cui si è riflettuto su una strategia di compensazione di tipo verbale: qui se ne tematizzerà un'altra, basata sui gesti. Formate poi dei gruppi di sei persone, fate leggere le regole e date il via al gioco. Se la classe è piccola si formeranno gruppi di quattro persone (due contro due) oppure si dividerà la classe in due squadre che giocheranno una contro l'altra: in quest'ultimo caso, all'insegnante spetterà il ruolo di arbitro e cronometrista.

Lernen mit dem Körper

Procedimento: Formate delle coppie e fate svolgere l'attività seguendo le indicazioni del manuale. Evidenziate che si tratta di una strategia utile per tutti, ma particolarmente adatta a quelle persone nelle quali risulta molto sviluppata l'intelligenza corporeo-cinestetica (vedi Portfolio della prima lezione).

Vacanze in macchina

Temi: viaggiare in macchina, presentare una denuncia.

Obiettivi comunicativi: parlare delle proprie abitudini in viaggio; capire e dare consigli per viaggiare sicuri; capire notizie radiofoniche sul traffico; presentare una denuncia per smarrimento o furto; descrivere oggetti.

Grammatica e lessico: l'imperativo di seconda persona singolare e plurale (forma positiva e negativa); la posizione dei pronomi con l'imperativo di seconda persona; la congiunzione *se*; l'automobile; la sicurezza in viaggio; aggettivi qualificativi.

1 Per iniziare

Obiettivo: introdurre il tema della lezione facendo leva sull'esperienza di vita.

Procedimento: Formate dei gruppi, fate leggere le domande e invitate gli studenti a parlarne con l'aiuto della foto e della propria esperienza. Concludete in plenum raccogliendo le idee in una mappa concettuale.

2 Partire per le vacanze
(PARLARE, LEGGERE)

Obiettivi: **a.** esercitarsi a parlare delle proprie abitudini in viaggio, prepararsi alla lettura; **b.** sviluppare la comprensione della lingua scritta (testo regolativo).

Grammatica e lessico: imperativo (2ª persona plurale), campo semantico 'automobile'.

Procedimento: a. Formate dei gruppi, fate leggere il compito e accertatevi che sia chiaro. Procedete poi come indicato nell'Introduzione a p. 14 (*Produzione orale*).

b. Dite agli studenti di leggere *rapidamente* tutto il testo: raccomandate loro di non soffermarsi sulle parole sconosciute – che verranno analizzate più tardi – ma di farsi solo un'idea generale dei consigli contenuti nei singoli paragrafi. Date un paio di minuti di tempo. Poi richiamate l'attenzione sui disegni di p. 73: dite agli studenti di osservarli, di cercare nel testo le frasi corrispondenti e di trascriverle (o almeno evidenziarle). Seguiranno due verifiche: una in coppia e una in plenum.

Soluzione:
a. Recatevi nella vostra officina di fiducia. **b.** Caricate i bagagli con coscienza. **c.** Allacciate le cinture di sicurezza. **d.** Agganciate correttamente il seggiolino dei bambini. **e.** Fermatevi a riposare. **f.** Indossate il giubbino ad alta visibilità.

3 Allacciate le cinture
(SCOPRIRE LA GRAMMATICA)

Procedimento: Formate delle coppie, fate leggere il compito e accertatevi che sia chiaro. Procedete poi come indicato nell'Introduzione a p. 16 (*La grammatica – Procedimento*).

Soluzione:
I verbi all'imperativo sono: programmate, recatevi, chiedete, caricate, fissateli, controlleteli, allacciate, agganciate, non bevete, fermatevi, mantenete, indossate, allertate, non ostacolate, non cercate. Le forme dell'imperativo di 2ª persona plurale sono identiche alle corrispondenti forme del presente indicativo. La negazione si mette davanti all'imperativo. I pronomi si uniscono all'imperativo.

4 Se...

Obiettivi: primo riutilizzo delle forme introdotte.

Procedimento: Fate svolgere l'attività individualmente, poi verificate in plenum.

Soluzione:
1 – c; 2 – e; 3 – a; 4 – b; 5 – d

5 Viaggiate tranquilli
(SCRIVERE E PARLARE)

Obiettivo: esercitarsi a formulare consigli.

Procedimento: Per tutte le fasi procedete come indicato nell'Introduzione a p. 15 (*Compiti di gruppo*). Per la prima parte del lavoro consegnate la scheda disponibile sul sito e invitate gli studenti a usare la propria esperienza di vita per formulare il maggior numero possibile di consigli.

6 L'automobile
(LAVORARE CON IL LESSICO)

Obiettivo: sistematizzare il lessico di base relativo all'automobile.

Procedimento: Fate svolgere l'attività individualmente, poi verificate in plenum.

Soluzione:
in senso orario: luce (nel testo al plurale), motore, tergicristallo (nel testo al plurale), bagagliaio, pneumatico (nel testo al plurale)

Attività supplementare: più avanti potrete ripetere questi vocaboli utilizzando la scheda disponibile sul sito, che ripropone il disegno di pagina 74 senza le parole: a libro chiuso, consegnate la scheda agli studenti e dite loro di completarla. Date un paio di minuti di tempo e poi fate confrontare in coppia: vince chi ha più vocaboli al posto giusto.

7 In autostrada
(LAVORARE CON IL LESSICO, ASCOLTARE, PARLARE)

Obiettivo: **a.** ampliare il lessico 'stradale' e prepararsi all'ascolto; **b.** sviluppare la comprensione auditiva; **c.** parlare di esperienze di viaggio, creare un collegamento con l'attività successiva.

Procedimento: **a.** Fate svolgere l'attività in tre fasi: esecuzione individuale, confronto in coppia, verifica in plenum.

b. Procedete come indicato nell'Introduzione a p. 9 (*Fase 1 – Comprensione globale*).

c. Formate delle coppie, fate leggere il compito e accertatevi che sia chiaro. Procedete poi come indicato nell'Introduzione a p. 14 (*Produzione orale*).

Soluzioni:

a. entrata / uscita chiusa: 8; frana: 6; incidente: 5; obbligo di catene: 7; vento: 2; ghiaccio: 4; lavori in corso: 3; traffico intenso / coda: 1.

b. A 4 Brescia-Padova: coda; A 1 Milano-Bologna: traffico intenso; A 1 Milano-Napoli: vento forte; A 3 Napoli-Salerno: entrata / uscita chiusa, lavori in corso.

Trascrizione:

Buongiorno a tutti da Biagio Ricciardelli. Traffico ancora intenso sulla A 1 Milano-Bologna; coda tra Fidenza e Fiorenzuola per lavori. Sulla A 1 Milano-Napoli vento forte tra Orvieto e Orte. Sulla A 4, coda di 1 km in direzione Brescia, per un incidente fra Verona Est e Verona Sud. Sulla A 3 in direzione Reggio Calabria l'uscita di Pompei Ovest è chiusa al traffico fino alle 6:00 del 21 maggio, provenendo da Napoli, per lavori. Questo è tutto da Autostrade per l'Italia. Vi auguro buon viaggio.

Scheda informativa

Informazioni sul traffico: le principali trasmissioni radiofoniche che informano sulla viabilità sono: i bollettini di *Onda verde* trasmessi quotidianamente dalle reti RADIO RAI 1, 2 e 3 in 45 notiziari a partire dalle 05:27 e da Isoradio in 19 notiziari nell'arco della giornata; il programma di musica e notizie *Isoradio* che, oltre ai notiziari di Onda Verde, segnala in diretta le informazioni sulla viabilità del gruppo Autostrade, della Società Autostrade Valdostane, della Società delle Autostrade di Venezia e Padova e anche lungo la rete dell'Autostrada dei Fiori, trasmettendo in isofrequenza su FM 103.3 con possibilità di ascolto anche in galleria; RTL 102,5 Viaradio, che trasmette in tutta Italia su un'unica frequenza: FM 102.5 (o frequenze vicine).

8 Piccola odissea autostradale
(ASCOLTARE)

Obiettivo: sviluppare la comprensione auditiva.

Procedimento: a. Fate leggere le domande e accertatevi che siano chiare, poi fate ascoltare il dialogo (track 21) e procedete come indicato nell'Introduzione a p. 9 (*Fase 1 – Comprensione globale*).

b. Fate leggere i compiti, chiarite eventualmente il lessico e fate ascoltare una seconda volta, procedendo come indicato nell'Introduzione a p. 10 (*Fase 2 – Comprensione più dettagliata*).

c. Passate alla seconda parte del dialogo (track 22), tenendo conto di quanto si dice nell'Introduzione a p. 10 (*Fase 1 – Comprensione più dettagliata*).

Soluzioni:

a. Erano in viaggio sulla A 4 Brescia-Padova. Sono usciti a Verona est. Adesso sono in un posto di polizia (o dai carabinieri).

b. Vogliono denunciare lo smarrimento di uno zaino avvenuto in un centro commerciale fuori dall'autostrada.

c. macchina fotografica, portafoglio (con i soldi), documenti, bottiglia di acqua minerale, mela, guida turistica

Trascrizione:
(Track 21)

◆▶ Buongiorno.
● Buongiorno.
▶ Senta, noi vorremmo fare una denuncia di smarrimento. O furto.
● Eh... smarrimento o furto?
▶ Be', non siamo sicuri, ma io penso smarrimento. Abbiamo perso uno zaino.
● E dove?
▶ Eh, è un po' complicato. Forse – dico forse – al centro commerciale Galassia. Però non siamo sicuri. Perché noi in realtà siamo in viaggio per la Germania ed eravamo in autostrada.
● Ah.

▶ Però ad un certo punto la radio ha detto che c'era un incidente vicino a Verona e così siamo usciti a Verona Est. E poi ci siamo persi, a dire la verità. Per caso abbiamo visto questo centro commerciale e abbiamo pensato di fare un po' di spesa. Poi siamo ripartiti, ma a un certo punto mio marito si è accorto che mancava lo zaino e così siamo tornati al centro commerciale, che però ormai era chiuso.

● Ho capito. Ma lo zaino... lo avete usato per fare la spesa?

◆ Be' l'ho portato con me perché lì dentro avevo i soldi. Poi però non mi ricordo più... perché poi ha pagato mia moglie...

● Ah. Senta, allora facciamo una denuncia di smarrimento?

▶◆ Sì, smarrimento.

(Track 22)

● Va bene. Uno zaino... di che tipo? Grande o piccolo?

◆ Piccolo, rosso.

● E di che marca?

◆ E non lo so, non mi ricordo...

● Che cosa c'era dentro?

◆ Mah... una macchina fotografica, un portafoglio con i soldi, i miei documenti, una bottiglia di acqua minerale e una mela nelle tasche esterne... e basta, mi pare.

▶ No, anche la guida turistica.

◆ Ah!

● Ok. Nient'altro?

▶ No, mi sembra di no.

● Allora, guardi, scriva qui i suoi dati, per favore: nome, cognome, indirizzo, e non dimentichi il numero di telefono, mi raccomando.

◆ Sì.

● Va bene. Se qualcuno ci consegna lo zaino, noi vi chiamiamo.

▶ Anche in Germania?

● E certo, signora, anche in Germania.

▶ Perfetto, grazie mille. Senta, solo una domanda, scusi. Noi dobbiamo prendere l'autostrada del Brennero, sa per caso se adesso il traffico è scorrevole o se ci sono dei problemi?

● Aspetti un attimo. ... No no, non sono segnalati problemi. Traffico normale, signora.

▶ Va bene. Grazie. Arrivederci.

◆ Arrivederci.

● Arrivederci e buon viaggio!

9 Com'è?
(LAVORARE CON IL LESSICO)

Obiettivo: imparare a descrivere oggetti.

Grammatica e lessico: aggettivi qualificativi.

Procedimento: a. Fate svolgere l'attività individualmente, poi verificate in plenum.

b. Formate dei gruppi, fate leggere il compito, precisate che la lista potrà contenere 'cose' di qualsiasi tipo purché citate in italiano, consegnate – se volete – l'apposita scheda disponibile sul sito e stabilite il tempo a disposizione. Scaduto il tempo, verificate quale gruppo ha la lista più lunga (sommando i vocaboli relativi a tutti gli aggettivi).

Soluzione possibile:
a. mela – tonda; tramezzino – triangolare, morbido; specchio – ovale, duro; guida turistica – rettangolare; macchina fotografica – rettangolare, dura; bottiglia – pesante; asciugamano – rettangolare, morbido; CD – quadrato, duro; patente – rettangolare, leggera; carta d'identità – rettangolare, leggera; portafoglio – rettangolare; soldi – tondi

10 Vorrei presentare una denuncia...
(PARLARE)

Procedimento: Seguite le indicazioni del manuale e procedete poi come indicato nell'Introduzione a p. 14 (*Produzione orale*). Per assegnare i ruoli potete eventualmente preparare dei cartoncini utilizzando l'apposita scheda che trovate nel sito.

11 Consigli per chi viaggia
(LEGGERE E PARLARE)

Obiettivo: sviluppare la comprensione della lingua scritta (testo regolativo).

Grammatica e lessico: imperativo informale, linguaggio burocratico.

Procedimento: Fate svolgere l'attività in coppia raccomandando di non lasciarsi bloccare da parole o espressioni nuove. Verificate poi in plenum.

Soluzione possibile:
frase 1 → treno / aereo; frase 2 → auto; frase 3 → auto; frase 4 → treno; frase 5 → treno / aereo; frase 6 → auto / treno / aereo; frase 7 → treno / aereo; frase 8 → auto / treno / aereo

12 Fai così! Ma no, non fare così!
(SCOPRIRE LA GRAMMATICA)

Procedimento: a. – b. Procedete come indicato nell'Introduzione a p. 16 (*La grammatica – Procedimento*).

Soluzioni:
a. sì: abbi, ricordati, evita, tieni, porta, rivolgiti; no: non perderlo, non lasciare (2 volte), non accettare
b. Per i verbi in -*are* l'imperativo confidenziale si forma togliendo -*re* alla desinenza dell'infinito, per i verbi in -*ere* e -*ire* aggiungendo alla radice del verbo la desinenza -*i*; nei verbi in -*ere* e -*ire* le forme dell'imperativo confidenziale sono perciò identiche alle corrispondenti forme del presente indicativo; la forma negativa si costruisce con *non* + infinito; i pronomi si uniscono all'imperativo (forma positiva) ovvero all'infinito (forma negativa): in quest'ultimo caso l'infinito perde la -*e* finale.

13 Muoviti un po'!
(GIOCO)

Obiettivo: esercitarsi a dare consigli.

Procedimento: Formate delle coppie, fate leggere il compito e accertatevi che sia chiaro: chiarite il significato di alcuni vocaboli (p. es. *sollevare, inarcare, caviglie*) e precisate che *mantenere* si coniuga come *tenere* (v. punto 11), da cui deriva. Se la conformazione dell'aula e il temperamento degli studenti lo consentono, invitate la classe a eseguire, nel limite del possibile, le istruzioni ricevute. Mettete una musica di sottofondo e tenetevi a disposizione per eventuali richieste d'aiuto. Se alcune coppie dovessero aver finito molto prima delle altre, dite loro di inventare nuovi consigli. Concluso il gioco, sarà bene prevedere una fase di verifica in plenum per eliminare eventuali insicurezze circa la soluzione.

Soluzione:
Bevi frequentemente, ma non bere alcolici; scegli un posto vicino al corridoio e alzati spesso; cammina lungo il corridoio; fai ginnastica; ruota la testa lentamente a destra e a sinistra; alza il più possibile le spalle, ma resta seduto/a; solleva i piedi e ruota le caviglie; inarca la schiena e mantieni le spalle appoggiate allo schienale; esegui qualche esercizio durante le soste ai semafori; fai spesso una sosta e scendi dalla macchina; togliti le scarpe e fai qualche passo a piedi scalzi.

14 Non sprecare un'occasione: viaggia e impara!
(PARLARE E SCRIVERE)

Obiettivo: riutilizzare in forma ludica la grammatica e il lessico della lezione.

Procedimento: Per tutte le fasi seguite le indicazioni del manuale tenendo conto di quanto si dice nell'Introduzione a p. 15 (*Compiti di gruppo*).

Culture a confronto

Chiamate d'emergenza

Obiettivo: riflettere sulle modalità di soccorso nei diversi Paesi.

Procedimento: **a.** A libro chiuso, formate delle coppie, ponete la domanda contenuta nella consegna e invitate gli studenti a parlarne.

b. Ancora a libro chiuso, formate dei gruppi, ponete la domanda contenuta nella consegna e invitate gli studenti a parlarne basandosi sulla conoscenza – diretta o indiretta – dell'Italia oppure facendo semplicemente delle ipotesi.

c. Fate aprire il libro e invitate gli studenti a verificare le loro ipotesi completando le frasi: ognuna di esse si riferisce a una fotografia nella quale si trova il numero telefonico mancante. Concludete con una verifica in plenum.

Soluzione:
Vigili del Fuoco: 115; Carabinieri: 112; Corpo Forestale: 1515; Polizia: 113; Guardia costiera: 1530; soccorso sanitario urgente: 118

Scheda informativa

Forze armate e forze dell'ordine
L'**Arma dei Carabinieri** è stata fondata nel 1814 con la duplice funzione di difesa dello Stato e di tutela dell'ordine e della sicurezza pubblica. Considerata primo Corpo dell'Armata di terra sin dalle origini (*carabiniere* deriva infatti da 'carabina', arma usata da questo Corpo nell'esercito sabaudo), dal 2000 ha una collocazione autonoma nell'ambito del Ministero della Difesa ed è una delle quattro forze armate italiane (accanto all'Esercito, all'Aeronautica militare e alla Marina militare). È Forza militare di Polizia a competenza generale e in servizio permanente di pubblica sicurezza; dipende dal Capo di Stato Maggiore della Difesa per i compiti militari e funzionalmente dal Ministro dell'Interno per quanto riguarda i compiti di tutela dell'ordine e della sicurezza pubblica. I compiti principali dell'Arma sono a) militari: difesa della patria e salvaguardia delle libere istituzioni, partecipazione a operazioni militari in Italia e all'estero, operazioni di polizia militare all'estero, funzioni di polizia militare e sicurezza per le Forze Armate, funzioni di polizia giudiziaria militare, sicurezza delle rappresentanze diplomatiche e consolari italiane all'estero; b) di polizia: funzioni di polizia giudiziaria e di pubblica sicurezza, sicurezza e assistenza alle popolazioni in caso di calamità. I colori tradizionali dell'uniforme sono il nero e il rosso, il fregio distintivo è la fiamma.
La **Polizia di Stato** è un corpo di polizia a ordinamento civile che svolge funzioni di pubblica sicurezza, polizia giudiziaria e amministrativa, ordine pubblico. Dipende dal Ministero dell'Interno, Dipartimento di pubblica sicurezza. Ha una struttura molto articolata con molti reparti fra cui ricordiamo la Polizia ferroviaria, stradale, scientifica, dell'immigrazione, delle comunicazioni, i NOCS (reparti speciali per operazioni ad alto rischio), i reparti mobili che garantiscono l'ordine pubblico e la sicurezza durante manifestazioni politico-sindacali o sportive, le Fiamme Oro (gruppo sportivo). La Polizia di Stato è rappresentata sul territorio dalla Questura, dove si trovano anche le centrali operative: da qui partono le pattuglie volanti quando il cittadino chiama il 113. L'uniforme tradizionale è composta da berretto e giubba blu, camicia azzurra, pantaloni grigio-azzurro con banda laterale color cremisi e cinturone bianco. Uno speciale Corpo di Polizia è la **Guardia di Finanza**, che dipende direttamente dal ministro dell'Economia e delle Finanze e si occupa della prevenzione, ricerca e denunzia delle evasioni e delle violazioni finanziarie e della sorveglianza in mare per fini di polizia finanziaria. L'uniforme è color grigio scuro, il fregio distintivo è la fiamma, da cui deriva la definizione di Fiamme Gialle.

La **Guardia Costiera** è un Corpo della Marina Militare. Fra i suoi compiti rientrano la ricerca e il soccorso in mare, la sicurezza della navigazione, la protezione dell'ambiente marino, il controllo della pesca marittima.

Il **Corpo forestale dello Stato**, istituito nel 1822, è una forza di polizia a ordinamento civile specializzata nella tutela del patrimonio naturale e paesaggistico, nella prevenzione e repressione dei reati in materia ambientale e agroalimentare. Il Corpo forestale è preposto alla sorveglianza dei Parchi, delle Aree Naturali Protette e delle 130 riserve Naturali dello Stato, dove svolge progetti di ricerca e conservazione nonché attività di educazione ambientale.

Il 1515 è un servizio collegato alla Centrale Operativa Nazionale e a 15 sale operative regionali. È lo strumento più immediato per segnalare incendi boschivi, taglio illegale di piante, abusivismo edilizio in aree protette, bracconaggio, pesca illegale, fauna ferita, depositi di sostanze tossiche, smaltimento illecito dei rifiuti, casi di pubblico soccorso e protezione civile (persone disperse, segnalazione di frane, valanghe e alluvioni).

Emergenze

I **Vigili del Fuoco** si possono contattare in tutta Italia gratuitamente componendo il numero 115: le richieste di soccorso giungono alla Sala Operativa del Comando Provinciale competente per il territorio. Il Corpo nazionale dei vigili del fuoco è, dal 2006, una struttura dello Stato a ordinamento civile, incardinata nel Ministero dell'interno – Dipartimento dei vigili del fuoco, del soccorso pubblico e della difesa civile.

Il **118** è il numero telefonico di riferimento in tutte le situazioni in cui ci può essere rischio per la vita o l'incolumità di qualcuno, come nel caso di malori, infortuni, traumi, ustioni, avvelenamenti, incidenti (domestici, stradali, agricoli, industriali), annegamento ecc.
Il 118 mette in contatto il cittadino con una centrale operativa che riceve le chiamate e invia personale specializzato e mezzi di soccorso adeguati alle specifiche situazioni di bisogno. La Centrale coordina il soccorso dal luogo dell'evento fino all'ospedale più idoneo. Il numero 118 è gratuito, attivo su tutto il territorio nazionale 24 ore su 24 e può essere chiamato da qualsiasi telefono, fisso o cellulare. I cellulari sono abilitati a effettuare chiamate verso i numeri di soccorso (118, 112, 113, 115), anche se la scheda non ha più credito. Se si chiama da una cabina telefonica non sono necessarie né monete né la scheda.

Portfolio

Autovalutazione – Obiettivo: fare un bilancio della settima lezione.

Procedimento: Procedete come indicato a p. 25 dell'Introduzione (*Portfolio*).

Viaggiando s'impara – Reisen bildet

Strategie – Obiettivo: introdurre ed esercitare la mnemotecnica dei *loci*.

Procedimento: a. Introducete l'argomento a voce dicendo, in italiano o nella lingua dei discenti, ciò che è scritto in grassetto. Invitate poi gli studenti a leggere l'esempio, osservando bene anche i disegni. Accertatevi poi che la procedura sia chiara.

b. Invitate ora gli studenti a usare questa tecnica per memorizzare il lessico della lezione 7. Date loro un foglio in formato A 4.

Ancora più chiaro 2

Obiettivo: ripassare funzioni comunicative, lessico e grammatica delle lezioni 5 – 7.

Procedimento: Seguite il procedimento illustrato nell'Introduzione a p. 26 (*Ancora più chiaro*) integrandolo con le indicazioni specifiche del manuale.

Test Unità 5 – 7

A pagina 169 si trova un test a scelta multipla concepito come compito individuale da svolgersi a casa. Le soluzioni si trovano a pagina 6 dell'apposito fascicolo.

E tu come t'informi?

Temi: i media, il futuro della carta stampata.

Obiettivi comunicativi: confrontare tra loro diversi mezzi di comunicazione di massa; ricavare le informazioni principali da un notiziario radiofonico; annunciare avvenimenti; parlare di prospettive per il futuro; orientarsi nei programmi TV italiani e scegliere una trasmissione.

Grammatica e lessico: *che* e *di* per introdurre il secondo termine di paragone; i comparativi irregolari *meglio* e *migliore*; il futuro semplice; la forma perifrastica *stare* + gerundio.

1 Per iniziare

Obiettivo: introdurre il tema della lezione facendo leva sulla fantasia.

Procedimento: a. Se possibile, riproducete la pagina 85 su lucido o fotocopia a colori e mostrate soltanto la parte superiore dell'immagine, escludendo il titolo dell'unità (per le fotocopie basterà piegare il foglio). Formate dei gruppi, dite agli studenti che la foto è tratta da una campagna pubblicitaria e invitateli a fare delle ipotesi sul prodotto pubblicizzato: si tratta di osservare bene l'immagine e usare la fantasia. Concludete in plenum facendovi riferire almeno alcune proposte emerse nei lavori di gruppo.

b. Invitate ora gli studenti a verificare le loro ipotesi voltando pagina e guardando la pubblicità completa. 'Pilotate' la loro attenzione sulle tre parole principali – *giornali*, *quotidiani* e *periodici* – che sono sufficienti per rispondere alla domanda del punto **a**. Non analizzate grammaticalmente

il testo pubblicitario, sul quale potrete tornare dopo il punto 3 per fornire ulteriori esempi riguardo al comparativo.

Scheda informativa

Chi legge, si vede è un'iniziativa lanciata dalla Federazione Italiana Editori Giornali (FIEG) e diretta a promuovere la lettura dei giornali e delle riviste. La campagna si è svolta nei mesi di agosto e settembre 2010 sulle pagine dei quotidiani e dei periodici e dai microfoni delle radio controllate o partecipate dalle imprese editrici associate nella Fieg.

La **FIEG**, fondata nel 1950, rappresenta le aziende editrici di giornali quotidiani e periodici e le agenzie nazionali di stampa. Alla FIEG aderiscono l'Associazione Stampatori Italiani Giornali, la Federazione delle Concessionarie di Pubblicità a mezzo stampa e l'Associazione Distributori Nazionali.

2   Chi legge, si vede.

(LEGGERE, LAVORARE CON IL LESSICO, SCOPRIRE LA GRAMMATICA, PARLARE)

Obiettivi: a. sviluppare la comprensione della lingua scritta; **b.** enucleare lessico tematico; **c.** riflettere su alcuni comparativi irregolari; **d.** esercitarsi a parlare dei media.

Grammatica e lessico: le forme *meglio* e *migliore*, campo semantico 'media' (stampa e web).

Procedimento: a. Fate leggere il compito e accertatevi che sia chiaro. Raccomandate di procedere come per l'attività 10 della lezione 5 e seguite poi le indicazioni contenute nell'Introduzione a p. 12 (*Input scritti – Procedimento*).

b. Fate svolgere il compito in tre fasi (esecuzione individuale, confronto in coppia, verifica in plenum). In fase di verifica precisate il significato dei termini *giornale*, *quotidiano* e *periodico* che compaiono nella pubblicità: *giornale*, derivando da 'giorno', è in origine un sinonimo di 'quotidiano', ma indica anche, per estensione, ogni pubblicazione periodica di varia attualità o specializzata in una data materia; fra i tre è dunque il termine più generico e onnicomprensivo. Per *quotidiano* s'intende una pubblicazione di carattere informativo che esce ogni giorno, mentre un *periodico* è una pubblicazione di carattere informativo che esce a intervalli regolari (ogni settimana, ogni mese, ogni due mesi ecc.).

c. Fate leggere il compito e accertatevi che sia chiaro. Procedete poi come indicato nell'Introduzione a p. 16 (*La grammatica – Procedimento*). In fase di verifica, fate notare la presenza di *miglior* nella pubblicità di p. 86 e dite che questo aggettivo può anche precedere il nome e che spesso perde la -*e* finale se il nome seguente inizia con una consonante (per questioni di eufonia). Infine richiamate alle mente degli studenti l'analoga forma *maggiore*, comparsa nella lezione 5 (attività 10). Un quadro riassuntivo di queste forme si trova a p. 193 (aggettivi) e p. 194 (avverbi).

d. Seguite le indicazioni del manuale e procedete poi come indicato nell'Introduzione a p. 14 (*Produzione orale*).

Soluzioni:
a. Informarsi col web o solo sul web?
b. quotidiano, cartaceo, attendibili, punti di vista / pareri
c. *Meglio* è il comparativo di *bene*, *migliore* è il comparativo di *buono*.

> ### Scheda informativa
>
> Il **Quotidiano in classe** è un'iniziativa lanciata nel 2000 dell'Osservatorio Permanente Giovani-Editori e ha come obiettivo quello di avvicinare i giovani alla lettura critica dei quotidiani. Il progetto prevede innanzi tutto il lavoro in aula, con il giornale cartaceo, sotto la guida dell'insegnante. Inoltre, i quotidiani soci dell'Osservatorio – fra cui il *Corriere della Sera*, *La Nazione*, *Il Resto del Carlino*, *Il Giorno* e *Il Sole 24 Ore* – mettono a disposizione degli studenti un'intera area del loro sito web, una "stanza virtuale" in cui i ragazzi possono dialogare con i giornalisti: ogni settimana un giornalista lancia un tema di attualità invitando gli studenti a commentarlo e discuterlo. Nell'anno accademico 2007–2008 è stata avviata in 74 università la sperimentazione del progetto *Il giornale in Ateneo*.

3   *Che o di?*

(SCOPRIRE LA GRAMMATICA)

Procedimento: a. – c. Seguite le indicazioni del manuale e procedete come indicato nell'Introduzione a p. 16 (*La grammatica – Procedimento*). Conclusa la verifica, richiamate l'attenzione sullo specchietto *Grammatica*, che riporta un'eccezione rispetto alla regola appena formulata. Infine invitate gli studenti a trovare la frase comparativa presente nel testo pubblicitario di p. 86

(... *e saperle è meglio che non saperle*) e chiedete loro quali sono gli elementi paragonati in questa frase (due verbi: *saperle* e *non saperle*).

Soluzioni:
a. di, che, che, di
b. **Il web** è sicuramente molto più utilizzato di **un quotidiano**.; Internet, purtroppo, è più **pratico** che **attendibile**; Io preferisco **far riferimento** a un giornale che **consultare** vari siti Internet.; ... **(io)** uso Internet molto più di **loro**.
c. Si usa *di* per paragonare fra loro sostantivi e pronomi. Si usa *che* in tutti gli altri casi.

4 Paragoni

Obiettivo: primo riutilizzo delle strutture introdotte.

Procedimento: Seguite le indicazioni del manuale, stabilendo i tempi di lavoro per ciascuna fase. Specificate che non è necessario limitarsi a web e giornali, ma ci si può riferire anche a radio e TV. Se volete potete concludere l'attività facendovi riferire in plenum alcuni dei paragoni formulati.

5 Che ne pensate?
(LAVORARE CON IL LESSICO, PARLARE)

Obiettivo: a. fissare espressioni utili per esprimere un'opinione; **b.** esercitarsi a esprimere la propria opinione.

Procedimento: a. Fate svolgere il compito in tre fasi (esecuzione individuale, confronto in coppia, verifica in plenum). In tutte le fasi sarà opportuno fare riferimento ai testi del punto 2.

b. Seguite le indicazioni del manuale e procedete poi come indicato nell'Introduzione a p. 14 (*Produzione orale*). Per assegnare i ruoli potete preparare dei cartoncini utilizzando l'apposita scheda che trovate nel sito.

6 La stampa in Italia
(PARLARE)

Obiettivo: a. farsi un'idea della stampa italiana; **b.** esercitarsi a parlare della stampa facendo confronti.

Procedimento: a. Fate svolgere l'attività in coppia, poi verificate in plenum.

b. Procedete come indicato nell'Introduzione a p. 14 (*Produzione orale*). Potete concludere l'attività raccogliendo in plenum idee e impressioni.

Soluzione:
a. **Quotidiani**: La stampa, Corriere della sera, la Repubblica, Tuttosport, Corriere dello Sport, La Gazzetta dello sport, Il Sole 24 ore; **Settimanali**: Grazia, Sorrisi e canzoni TV, L'espresso, Famiglia cristiana; **Sono dedicati a un solo tema:** la Gazzetta, Tuttosport, Corriere dello Sport (quotidiani sportivi) e Il Sole 24 ore (specializzato in economia)

> ### Scheda informativa
>
> **Quotidiani**
> **Corriere della Sera:** fondato nel 1876, è il quotidiano più diffuso in Italia. Nel 1975 fu acquistato dalla casa editrice Rizzoli, ora appartiene alla società Rizzoli-Corriere della Sera (Rcs MediaGroup) ed è pubblicato dal comparto RCS Quotidiani. Il cuore del giornale è a Milano, nella storica sede di via Solferino. Per il *Corriere* hanno scritto e scrivono molte grandi firme del giornalismo italiano, come Enzo Biagi, Indro Montanelli, Walter Tobagi, Piero Ottone, Beppe Severgnini. Fra gli editorialisti si contano intellettuali e scrittori quali Pier Paolo Pasolini, Italo Calvino, Leonardo Sciascia, Claudio Magris, Sergio Romano. Sono abbinati al quotidiano diversi supplementi settimanali, fra i quali *Sette* (giovedì) e *Io donna* (sabato). L'edizione online offre, tra l'altro, un archivio storico con articoli a partire dal 1992.

la Repubblica è il secondo quotidiano italiano per diffusione. Fondata da Eugenio Scalfari nel 1976, ha sede a Roma ed è pubblicata dal Gruppo Editoriale L'Espresso. Accoglie molte grandi firme come Giorgio Bocca, Miriam Mafai, Natalia Aspesi. Ha una parte nazionale e nove edizioni locali (Roma, Milano, Torino, Bologna, Genova, Firenze, Napoli, Palermo e Bari). Sono abbinati al quotidiano diversi supplementi settimanali e mensili, fra i quali *il Venerdì* (stili di vita e programmi TV), *Affari & Finanza* (Economia), *D – La Repubblica delle Donne* (femminile e moda).

La Stampa è un quotidiano torinese a diffusione nazionale. Fondata nel 1867 con il nome di Gazzetta Piemontese, assunse l'attuale nome nel 1894. Nel 1926 fu acquistata dalla famiglia Agnelli (Fiat) e perciò per molto tempo – soprattutto negli anni Sessanta e Settanta, segnati dal movimento operaio e studentesco – è stata considerata «la voce del padrone». Oggi è pubblicata dall'Editrice La Stampa, controllata dal gruppo Fiat. Tra le grandi firme ricordiamo Norberto Bobbio, Alessandro Galante Garrone, Arrigo Levi, Alberto Ronchey. Nel 1975 nasce il supplemento *Tuttolibri*. Dal 2010 il quotidiano mette a disposizione sul sito web tutto l'archivio storico della testata, a partire dall'anno di fondazione.

Il Sole 24 ORE è il quarto quotidiano d'informazione più venduto nel Paese. La testata si occupa prevalentemente di economia e finanza, ma dal 1983 ha anche un inserto settimanale dedicato alla cultura che esce la domenica – quando i mercati finanziari sono chiusi – ed è ormai uno degli inserti culturali più prestigiosi della stampa italiana. *Il Sole* fu fondato nel 1865 e l'attuale testata nacque successivamente dalla fusione con il quotidiano *24 Ore*. Il giornale ha sede a Milano ed è edito dalla Confindustria (dal 1910 organo rappresentativo degli imprenditori italiani), proprietaria del Gruppo 24 Ore. Dal 1999 il Gruppo 24 Ore gestisce anche l'emittente radiofonica *Radio 24*, che trasmette dagli studi di Milano e Roma in tutta Italia e ha un palinsesto di tipo generalista.

La Gazzetta dello Sport: fondata a Milano nel 1896, è uno dei quotidiani più diffusi in Italia ed è interamente dedicata allo sport. Appartiene alla RcsMedia Group e si distingue per il color rosa della carta adottato a partire dal 1899. Questo colore caratterizza anche la maglia del primo classificato del Giro d'Italia, gara ciclistica annuale che la Gazzetta organizza sin dalla sua istituzione nel 1909.

Il *Corriere dello Sport – Stadio* è uno dei tre principali quotidiani sportivi pubblicati in Italia. L'attuale testata nasce dalla fusione del *Corriere dello sport*, fondato nel 1924 a Bologna e poi trasferito a Roma, con il bolognese *Stadio* e distingue le edizioni del giornale tramite il colore del titolo: al nord verde, nel centro-sud rosso; la stessa 'divisione cromatica' caratterizza i due siti web. Oggi il quotidiano ha sede a Roma ed è pubblicato da SportNetwork.

Tuttosport è un quotidiano sportivo a diffusione nazionale con sede a Torino. Fu fondato nel 1945 ed è oggi pubblicato dalla Nuova Editoriale Sportiva. Dedica la maggior parte dello spazio al calcio e in particolare alle due squadre torinesi: la Juventus e il Torino.

Periodici

L'espresso: settimanale fondato nel 1955, ha la redazione centrale a Roma e appartiene – come *la Repubblica* – al Gruppo Editoriale L'Espresso, società quotata in borsa. Si occupa di attualità, politica, cultura ed economia.

Famiglia cristiana: settimanale fondato ad Alba nel 1931 da don Giacomo Alberione. Oggi è pubblicato dalle Edizioni San Paolo, ha sede ad Alba e a Milano ed è uno dei periodici più diffusi in Italia. Si propone di essere un mezzo d'informazione nazionale che diffonde e sostiene l'impegno per la famiglia. Dà molto risalto a temi di attualità nonché all'attività di associazioni e movimenti cattolici. Ciò nonostante, prende non di rado posizioni che la Chiesa e il mondo cattolico giudicano poco 'ortodosse'.

TV Sorrisi e canzoni: settimanale dedicato principalmente a musica, cinema e spettacolo. Contiene i programmi TV per sette giorni. Fondato nel 1952, negli anni Ottanta viene acquistato dalla SBE (Silvio Berlusconi Editore), che confluisce poi nel gruppo Arnoldo Mondadori Editore (azionista di maggioranza: Silvio Berlusconi, presidente: Marina Berlusconi).

Grazia: settimanale femminile fondato nel 1936, appartiene al gruppo Mondadori. Ha edizioni anche in altri Paesi, fra cui la Germania.

7 Giornale radio
(ASCOLTARE, PARLARE)

Obiettivo: a. – b. sviluppare la comprensione auditiva; **c.** parlare delle proprie abitudini nell'uso dei media (radio e TV).

Procedimento: a. Fate leggere il compito e precisate che non sempre è possibile inserire una notizia in un'unica categoria ben determinata. Procedete poi come indicato nell'Introduzione a p. 9 (*Fase 1 – Comprensione globale*).

b. Procedete come indicato nell'Introduzione a p. 10 (*Fase 2 – Comprensione più dettagliata*).

c. Formate delle coppie, fate leggere il compito e accertatevi che sia chiaro. Procedete poi indicato nell'Introduzione a p. 14 (*Produzione orale*).

Soluzioni:
a. cronaca, cultura, economia, sport, previsioni del tempo
b. vero, falso, falso, vero

Trascrizione:
È venerdì 11 giugno, buona giornata e ben ritrovati da Cristian Molinari. Ecco i nostri titoli.
In apertura, i mondiali di calcio: è ormai tutto pronto per la competizione. Ieri sera il grande concerto d'inaugurazione, oggi le prime due partite. Gli azzurri intanto si allenano in vista della partita di lunedì.
E passiamo all'economia: esportazioni in crescita e borse in rialzo. Il governatore di Bankitalia ha detto che negli ultimi giorni i mercati finanziari si stanno calmando.
Torino. Presentato oggi, alla presenza del Capo dello Stato, il programma delle iniziative che si svolgeranno il prossimo anno in Piemonte per celebrare il 150esimo anniversario dell'Unità d'Italia.
Comincia domani, invece, la 5ª edizione della Settimana dell'alfabetizzazione digitale. L'iniziativa "Nonni su Internet" sarà inaugurata a Roma. Sempre domani si apre la stagione lirica all'Arena di Verona. Tutto esaurito per la prima dell'Aida.
Infine il tempo. Oggi tanto sole sull'Italia e caldo, ma nubi sul Piemonte e Alpi con rovesci sull'ovest delle Alpi e poi sul Piemonte, sole e caldo altrove. Temperature massime fra i 32°C e i 34°C.

8 Nonni digitali
(ASCOLTARE, SCOPRIRE LA GRAMMATICA)

Obiettivo: a. sviluppare la comprensione auditiva; **b. – d.** riconoscere, analizzare e sistematizzare le forme del futuro semplice.

Procedimento: a. Ponete a voce la domanda contenuta nella consegna e fate ascoltare il track 24 a libro chiuso procedendo come indicato nell'Introduzione a p. 9 (*Fase 1 – Comprensione globale*).

b. Fate svolgere l'attività individualmente, poi fate confrontare in coppia. Per la verifica si ascolterà di nuovo il track 24, dopodiché gli studenti vi detteranno la soluzione che voi eventualmente trascriverete su lucido.

c. Invitate i discenti a ritrovare nelle frasi le forme necessarie a completare lo schema (dovranno dunque concentrarsi sulle desinenze).

d. Formate delle coppie e dite agli studenti di discutere sulla base delle domande contenute nella consegna osservando con attenzione lo schema dei verbi. Lasciate loro un po' di tempo per lavorare, poi sollecitateli a suggerirvi le regole guidandoli a una soluzione completa e condivisa.

Soluzioni:

a. Si tratta di un'iniziativa volta ad avvicinare gli anziani all'uso delle tecnologie digitali (PC, Internet).

b. Prenderà, si apriranno, Faremo, potranno, partirà, raggiungerà, racconteranno, coinvolgerà

c. -ò, -ai, -à, -emo, -ete, -anno; potere → potrò, fare → farò

d. Il futuro semplice dei verbi regolari si forma partendo dall'infinito: si sostituisce la -e finale con le specifiche desinenze, che sono uguali per tutte e tre le coniugazioni; Particolarità: nei verbi in -are, la -a diventa -e.
I verbi irregolari si possono dividere in gruppi, come nella tabella del manuale: verbi che perdono la -e / -a dell'infinito (andrò, avrò, dovrò, potrò), verbi in -are che conservano la -a dell'infinito (darò, farò, starò), verbi che perdono la -e e raddoppiano la -r- dell'infinito (verrò, vorrò). Nel verbo essere cambia completamente la radice.

9   Frasi interrotte
(GIOCO)

Obiettivo: fissare le forme del futuro.

Procedimento: Fate leggere la consegna, accertatevi che le regole del gioco siano chiare e fornite agli studenti l'apposita scheda che trovate nel sito. Stabilite quindi la durata massima del gioco e tenetevi a disposizione per eventuali richieste d'aiuto. Concludete l'attività riportando il discorso in plenum e facendovi dire quali siano state le frasi più divertenti o sorprendenti. Se volete e se la conformazione dell'aula lo consente, potete invitare gli studenti a realizzare un *collage* appendendo le loro frasi alla parete.

10   GR di classe
(SCRIVERE E PARLARE)

Procedimento: Tenete conto di quanto si dice nell'Introduzione a p. 15 (*Compiti di gruppo*) e curate in particolar modo la regia e la scenografia delle singole fasi.

a. Ogni gruppo lavorerà come la redazione di un'emittente radiofonica e dovrà redigere le notizie per un'edizione del giornale radio, scegliendo una delle due varianti proposte. Preparate dunque, se possibile, un tavolo per ogni 'redazione' e fornite agli studenti la scheda che trovate nel sito. Accertatevi che il compito sia chiaro e informate le 'redazioni' che sarebbe opportuno scegliere uno o due speaker ed esercitare la lettura delle notizie. Proponete anche di ideare un nome per il notiziario (semplicemente GR 1, GR 2 ecc. o qualcosa di più originale). Stabilite il tempo a disposizione in base alla velocità di lavoro della vostra classe.

b. Preparate un tavolo che fungerà da 'scrivania-consolle' per gli speaker. Portate un microfono oppure un oggetto adatto a simularlo e un motivetto musicale da usare come sigla di apertura e chiusura dei singoli GR. A turno, gli speaker si siederanno alla 'scrivania-consolle' e leggeranno le loro notizie: stabilite all'inizio l'ordine di 'apparizione', poi assumete il ruolo muto di tecnico del suono. Solo alla fine riprendete in mano la regia per organizzare la votazione. Se i vostri studenti non amano parlare in pubblico, potete anche limitarvi a far leggere le notizie redatte (magari una a testa) concludendo comunque con la scelta del GR più originale.

Attività supplementare: potreste registrare i GR su nastro, riascoltarli a casa e trarne ispirazione per esercizi di intonazione e pronuncia realizzati su misura per la vostra classe.

11   Un'intervista sui media
(LEGGERE E PARLARE)

Obiettivo: sviluppare la comprensione della lingua scritta (testo giornalistico: intervista).

Grammatica e lessico: *stare* + gerundio, lessico dei media (tecnologia).

Procedimento: In quest'attività giocheranno un ruolo chiave le aspettative e la capacità di deduzione dei discenti nonché la loro esperienza di vita: esortateli esplicitamente a servirsene come strumenti di comprensione.

a.   Ponete a voce le domande contenute nella consegna. Senza attendere risposta, invitate gli studenti a leggere l'introduzione all'intervista (p. 91) e a parlarne con un compagno sforzandosi di non rispondere a monosillabi alle domande contenute nella consegna, ma di descrivere la propria esperienza (p. es. se usano Wikipedia, dovrebbero dire con quale frequenza, a che scopo ecc.; se non la usano, dovrebbero spiegare perché). Il testo servirà soprattutto ai meno esperti di Internet per farsi un'idea.

b.   Riproducete la consegna e le domande su lucido, oppure scrivetele alla lavagna. A libro chiuso, fate leggere le domande e accertatevi che siano chiare. Poi invitate le coppie a fare delle ipotesi sulle risposte dell'intervistato.

c.   Fate aprire il libro, invitate poi gli studenti a leggere e completare l'intervista abbinando ogni domanda a una risposta. Ricordate loro che per far questo non sarà necessario capire tutte le parole. Fate poi confrontare in coppia e infine verificate rapidamente in plenum, limitandovi a controllare la correttezza degli abbinamenti.

d.   Formate delle coppie, possibilmente diverse da quelle del punto precedente, e invitate gli studenti a discutere sulla base della traccia contenuta nella consegna. Potete concludere la fase di comprensione riportando il discorso in plenum e chiedendo che cosa pensa J. Wales dei giornali cartacei.

Il testo contiene alcune parole nuove: se lo ritenete opportuno, potete dunque dire agli studenti di leggerlo ancora una volta e di scegliere due parole che li incuriosiscono particolarmente e che proprio non riescono a decodificare (una potrebbe essere *utenti* oppure *donazioni*). A turno, ognuno domanderà poi (rigorosamente in italiano) che cosa significano le parole scelte: prima di rispondere voi stessi, chiedete se per caso qualcuno in classe lo sa. Tenete comunque presente che la forma perifrastica e l'uso del futuro semplice vengono trattati ed esercitati ai punti 12–13 per cui non è il caso di anticipare spiegazioni in merito.

Soluzione:
c.   1 – b; 2 – d; 3 – a; 4 – c

12   State cercando una soluzione?
(SCOPRIRE LA GRAMMATICA)

Obiettivo: a. – b.   tematizzare la forma perifrastica; **c.**   fissare la struttura appena introdotta.

Procedimento: a. – b.   Procedete come indicato nell'Introduzione a p. 16 (*La grammatica – Procedimento*). Ricavata la regola per la formazione del gerundio, richiamate l'attenzione sulle forme irregolari contenute nello specchietto *Grammatica*: nei verbi *fare*, *dire* e *bere* il gerundio presenta lo stesso tipo di irregolarità che si è già visto nell'imperfetto.

c.   Formate delle coppie, fate leggere il compito, accertatevi che sia chiaro. Prima di dare il via all'attività, annunciate il tempo a disposizione.

Soluzioni:
a. affrontiamo adesso
b. affront*ando*, prend*endo*, segu*endo*

13 Che cosa succederà?
(SCOPRIRE LA GRAMMATICA)

Obiettivo: riflettere sugli usi del futuro.

Procedimento: Svolgere l'attività in tre fasi (esecuzione individuale, confronto in coppia, verifica in plenum) tenendo conto di ciò che si dice nell'Introduzione a p. 16 (*La grammatica – Procedimento*). Una volta stabilito quali funzioni del futuro si trovano nei testi letti e ascoltati finora, precisate che le altre funzioni elencate, anch'esse tipiche del futuro, verranno trattate più avanti.

Soluzione:
fare annunci / dare notizie (7, 8), fare previsioni (11)

14 Secondo me, in futuro
(SCRIVERE E PARLARE)

Obiettivo: riutilizzare la grammatica e il lessico della lezione.

Procedimento: Per tutte le fasi seguite le indicazioni del manuale tenendo conto di quanto si dice nell'Introduzione a p. 15 (*Compiti di gruppo*).

Culture a confronto

Davanti alla TV

Obiettivo: imparare a orientarsi nei palinsesti TV italiani e confrontare i programmi televisivi di diversi Paesi.

Procedimento: a. Fate leggere il compito e accertatevi che sia chiaro. Fatelo quindi svolgere dapprima individualmente e poi in coppia. Alla fine potete chiedere agli studenti quali trasmissioni abbiano scelto per la situazione numero 4 e perché.

b. Formate dei gruppi e invitate gli studenti a discutere sulla base della traccia proposta. Concludete raccogliendo in plenum le idee emerse.

Soluzioni possibili:
a. 1. Tg1 delle 13.30, TG3 delle 12, TG5 delle 13; 2. La TV dei ragazzi (Rai3 ore 15) 3. Meteo 5 (Canale 5, ore 20); 4. Scelta soggettiva
b. In Italia la 'prima serata' comincia alle 21.10 / 21.20.

Scheda informativa

Reti televisive
RAI (Radiotelevisione Italiana): è l'ente radiofonico e televisivo pubblico, una S.p.A. il cui azionista di maggioranza è il Ministero dell'Economia e delle Finanze. Per usufruire dei programmi Rai l'utente deve pagare un abbonamento annuale (il 'canone televisivo'). L'azienda nasce nel 1924 come Unione Radiofonica Italiana (URI), nel 1928 diventa EIAR (Ente Italiano per le Audizioni Radiofoniche) e nel 1944 infine RAI (Radio Audizioni Italiane). Le trasmissioni televisive regolari iniziano il 3 gennaio 1954 con un unico canale, *Rai 2* viene inaugurata nel 1961. Nel 1977 iniziano le trasmissioni a colori e due anni dopo entra in funzione *Rai 3*, progettata per la diffusione di programmi su base regionale. Con il passaggio generalizzato al sistema di trasmissione digitale terrestre (dall'autunno 2010) si sono

moltiplicati i canali accessibili agli abbonati Rai: Rai 4 (soprattutto film e serie TV), Rai 5 (soprattutto cultura, reportage, documentari), Rai News (informazione), Rai Sport 1 (solo sport), Rai Sport 2 (sport minori), Rai Storia (canale tematico della struttura Rai Educational), Rai Gulp (trasmissioni per bambini e ragazzi), Rai Movie (dedicato al cinema), Rai Premium (dedicato alle fiction televisive Rai), Rai Yo Yo (per i bambini in età prescolare). Alcuni canali sono disponibili solo tramite satellite, p. es. Rai Scuola (dedicato all'apprendimento delle lingue e delle scienze). La Rai gestisce inoltre le tre emittenti radiofoniche pubbliche Radio 1, Radio 2, Radio 3. A molti programmi radio e TV si può accedere attraverso il sito web della Rai.

Mediaset: azienda privata (oggi Gruppo Mediaset) che opera nel campo dei media, fondata nel 1978 da Silvio Berlusconi con il nome di *Telemilano*. Appartiene al gruppo Fininvest (Presidente: Fedele Confalonieri, vicepresidente: Piersilvio Berlusconi). Nel 1980 Telemilano diventa rete a diffusione nazionale e viene ribattezzata **Canale 5**. Fininvest acquisisce poi i network **Italia 1** (1982) e **Rete 4** (1984). I tre canali Mediaset a diffusione nazionale sono finanziati fondamentalmente con la pubblicità, gestita in esclusiva dalla concessionaria Publitalia, che appartiene alla stessa holding. Sul digitale terrestre Mediaset è presente, tra l'altro, con i canali **Iris** (che trasmette soprattutto film, telefilm, documentari) e **La 5**, nato nel 2010 e dedicato principalmente a un pubblico femminile. Mediaset opera anche nel settore del cinema, tramite la società di produzione e distribuzione cinematografica Medusa, e della pay-tv.

La 7: canale televisivo privato che rappresenta il cosiddetto 'terzo polo' televisivo italiano. Nasce nel 2001 come 'erede' di Telemontecarlo, a sua volta fondata nel 1974 come derivazione italiana della rete monegasca Télé Monte Carlo. Attualmente appartiene a Telecom Italia Media, società operante nel campo dei media di proprietà della compagnia telefonica Telecom Italia. Telecom Italia Media è anche azionista di maggioranza di MTV Italia.

Portfolio

Autovalutazione – Obiettivo: fare un bilancio dell'ottava lezione.

Procedimento: Procedete come indicato a p. 25 dell'Introduzione (*Portfolio*).

Lernen mit den Medien

Strategie – Obiettivo: riflettere sui media come strumenti di apprendimento.

Procedimento: **a.** Introducete l'argomento a voce, poi fate svolgere il compito in coppia. Raccogliete infine le idee emerse e fornite ulteriori informazioni.

b. Formate ora dei gruppi e invitate gli studenti a formulare ulteriori proposte e suggerimenti per imparare la lingua italiana con l'ausilio dei media. Se volete, potete fornire loro la scheda che trovate nel sito.

Scheda informativa

La lingua in rete

Accademia della Crusca: istituzione destinata allo studio e alla codificazione della lingua italiana sorta tra il 1582 e il 1583 per iniziativa di alcuni letterati fiorentini, tra i quali L. Salviati. Il nome deriva dal termine *cruscate* (cioè ciance, discorsi di scarsa importanza) usato dagli stessi fondatori per definire le riunioni dei primi tempi, animate da un certo spirito giocoso. Quando il gruppo di letterati si costituì in vera e propria accademia, il nome venne interpretato alla luce della volontà di separare il 'fior di farina' – cioè la buona lingua, identificata con il fiorentino del Trecento – dalla 'crusca' (la lingua meno corretta). Il verso del Petrarca *il più bel fior ne coglie* è tuttora il motto dell'istituzione e il suo simbolo è il "frullone", uno strumento che un tempo si usava per separare il fior di farina dalla crusca. Nel 1612 uscì la prima edizione del prestigioso Vocabolario della Crusca. Dal 1923, liberata dall'impegno strettamente lessicografico, l'Accademia ha ampliato la sua gamma di attività; oggi collabora con il CNR (Consiglio Nazionale delle Ricerche) ed è il più importante centro di ricerca scientifica dedicato allo studio e alla promozione dell'italiano: si propone soprattutto di diffondere nella società italiana, in particolare nella scuola, e all'estero la conoscenza storica della lingua e la coscienza critica della sua evoluzione nel contesto internazionale. Il sito web (www.accademiadellacrusca.it) è un portale dedicato alla lingua italiana: nella sezione *La lingua in rete* gli utenti possono anche porre domande e ottenere consulenza linguistica.

www.repubblica.it: il sito web del quotidiano la Repubblica contiene – nella sezione Scuola & giovani – un forum dedicato alla lingua italiana con servizio di consulenza linguistica coordinato da specialisti.

www.rai.it: il portale della Rai consente di accedere a numerosi programmi televisivi e radiofonici di Rai 1, Rai 2 e Rai 3. Alcuni nuovi canali (Web Radio) sono inoltre disponibili solo in rete.

www.treccani.it: si segnala inoltre, benché non raffigurato a p. 96, il portale dell'Istituto dell'Enciclopedia Italiana (fondato nel 1925 da Giovanni Treccani) che ha una sezione dedicata alla lingua e consente, tra l'altro, di consultare online sia il vocabolario che le enciclopedie.

La vacanza è di casa

Temi: un alloggio per le vacanze, vacanze alternative.

Obiettivi comunicativi: capire un annuncio immobiliare; chiedere informazioni su un appartamento; esprimere esigenze; esprimere meraviglia e rammarico; parlare di alloggi 'alternativi' per le vacanze; fare complimenti.

Grammatica e lessico: pronomi oggetto con il passato prossimo; *quello* e *bello* + sostantivo; campo semantico 'casa'; *che* + aggettivo / sostantivo.

1 Per iniziare

Obiettivo: introdurre il tema della lezione facendo leva sull'esperienza.

Procedimento: Invitate la classe a usare la foto di p. 97 (in cui si vede Capo Palinuro) come 'mezzo di trasporto' per andare mentalmente in vacanza. Formate poi dei gruppi e dite agli studenti di scambiarsi informazioni ed esperienze seguendo la traccia proposta dalla consegna. Accertatevi dunque che i vocaboli siano chiari (*ostello* e *villaggio turistico* compaiono qui per la prima volta) e procedete poi come indicato nell'Introduzione a p. 14 (*Produzione orale*).

2 Case per le vacanze
(LEGGERE, PARLARE)

Obiettivi: a. – b. sviluppare l'abilità di lettura per consultazione (*scanning*), introdurre il campo semantico 'casa'.

Grammatica e lessico: lessico di base relativo alla casa (ambienti).

Procedimento: a. – b. Seguite le indicazioni del manuale e procedete poi come illustrato nell'Introduzione a p. 12 (*Input scritti – Procedimento*).

Soluzioni possibili:
a. Tutti gli annunci offrono alloggi in località di mare; tutte le località si trovano sulla costa tirrenica: Massa Lubrense in Campania, Cersuta di Maratea in Basilicata.
b. Mauro e Lucia: Villetta Annamaria; Guido e Cristina: nessun alloggio è veramente adatto; Monika, Marion, Alexa e Claudia: appartamento di 4 locali a Massa Lubrense; Marco e Lucia: Villetta Annamaria.

Scheda informativa

Capo Palinuro è una località della Campania le cui rocce cadono a picco nel Mar Tirreno. È immerso nel Parco Nazionale del Cilento. Sulla costa si alternano spiagge, calette e costa alta, mentre sotto il livello del mare si trovano 32 grotte. Tra le rocce, sopra le quali svetta il faro di Capo Palinuro, nidificano numerose varietà di uccelli e crescono piante e fiori tipici del clima mediterraneo. Palinuro e il Parco del Cilento sono Patrimonio mondiale dell'umanità Unesco.

Il **Parco Nazionale del Cilento e del Vallo di Diano**, fondato nel 1991, comprende un territorio molto esteso della Campania meridionale, delimitato a nord dalla piana di Paestum, a est dal Vallo di Diano, a ovest e a sud dal Mar Tirreno. L'area del Parco è variegata: comprende sia ambienti montani, con cime che vanno dai 1898 m del monte Cervati ai 1130 del monte Stella, sia ambienti collinari, sia ambienti marini di grande varietà, tra cui spicca il capo Palinuro.

Massa Lubrense è una cittadina di quasi 14.000 abitanti situata in Campania, in provincia di Napoli. Si trova sulla propaggine estrema della penisola sorrentina, la quale è bagnata dalle acque dei Golfi di Napoli e di Salerno: Punta della Campanella, che le separa, è proprio di fronte l'isola di Capri, distante 5 km.

Maratea, sul Golfo di Policastro, è un comune di circa 5.200 abitanti in provincia di Potenza. È l'unico comune della Basilicata ad affacciarsi sul Mar Tirreno e una delle principali mete turistiche della regione. L'abitato di Maratea è sovrastato da Monte San Biagio, sulla cui vetta si erge la Statua del Redentore. **Cersuta** è il primo borgo che si trova a mezza costa in direzione Nord, verso la Campania.

3 Appartamento accessoriato
(LAVORARE CON IL LESSICO, PARLARE)

Obiettivo: ampliare il lessico di base relativo alla casa (accessori cucina / bagno, servizi).

Procedimento: **a.** – **b.** Seguite le indicazioni del manuale e fate svolgere entrambe le attività in due fasi: esecuzione in coppia e verifica in plenum.

c. Seguite le indicazioni del manuale e procedete come illustrato nell'Introduzione a p. 15 (*Compiti di gruppo*). Prima di dare il via all'attività, ricordate che sarà possibile chiedere a voi qualsiasi termine utile ma ancora sconosciuto.

Soluzioni:

a.

TERRAZZA   CAMERA MATRIMONIALE   CAMERA DA LETTO   INGRESSO   SOGGIORNO   BAGNO   CUCINA

b. da sinistra a destra, in alto: congelatore, piano cottura 4 fuochi, forno, lavastoviglie, riscaldamento, climatizzatore, frigorifero; in basso: lavatrice, biancheria da bagno / asciugamani, elettricità, pulizia finale, luce, biancheria da letto / lenzuola

4 Vorrei delle informazioni
(SCRIVERE)

Obiettivo: esercitarsi a chiedere informazioni per iscritto.

Procedimento: Fate leggere il compito e accertatevi che sia chiaro. Procedete poi come illustrato nell'Introduzione a p. 14 (*Produzione scritta*).

5 Aldo e Teresa
(ASCOLTARE)

Obiettivo: sviluppare la comprensione auditiva.

Procedimento: **a.** Fate leggere il compito e accertatevi che sia chiaro. Procedete poi come indicato nell'Introduzione a p. 9 (*Fase 1 – Comprensione globale*).

b. Procedete come indicato nell'Introduzione a p. 10 (*Fase 2 – Comprensione più dettagliata*).

Soluzione:

a. Perché il prossimo anno vorrebbero tornare nello stesso posto, ma cambiare tipo di alloggio: non più un albergo, come adesso, ma un appartamento o una casa.

b. L'alloggio deve offrire spazio sufficiente per due persone, avere del verde intorno e consentire di portare un cane di piccola taglia; vogliono vedere il monolocale di Massa Lubrense (secondo annuncio); vanno a vederlo oggi pomeriggio verso le 17:00.

Trascrizione:

(Track 25)

◆ Buongiorno.

■■●Buongiorno.

■ Senta, noi siamo qui in vacanza. Ci troviamo così bene che vorremmo tornare il prossimo anno.

◆ Oh, mi fa piacere.

■ Eh... sì, ecco noi vorremmo cambiare un po' sistemazione: attualmente abbiamo una camera in albergo, però non siamo molto contenti. Preferiremmo un appartamento o magari anche una casa.

◆ Ho capito. Comunque si parla del prossimo anno, vero?, per quest'anno tenete la camera in albergo...

● E sì, l'abbiamo prenotata, siamo lì... e ormai ci restiamo...

(Track 26)

◆ Ho capito, va bene. Allora, per esempio appartamenti ... eh... per due persone.

■ Sì. Ecco, ci piacerebbe con del verde intorno, anche perché vorremmo portare il cane. Quest'anno non l'abbiamo portato perché in albergo non si può, ma la prossima volta...

◆ Un cane. E scusi ... che tipo di cane?

● Mah ... è un cane piccolino, più o meno come un bassotto.

◆ Ah, bene, bene. È già molto meno complicato. Certo. Eh ...

■ Senta, scusi se la interrompo, ma io prima ho visto degli annunci. Li ho letti nella bacheca lì in vetrina.

◆ Sì.

■ Eh ... c'erano appunto degli appartamenti o delle case in cui si può portare un cane, se ben ricordo ...

◆ Sì, sì, dunque, per due persone abbiamo per esempio un monolocale di 50 metri quadrati in una casa antica a 500 metri dal centro di Massa ... Ecco questa...

● Ah, bella! Rustica, con terrazza panoramica... Senta, si può vedere quest'appartamento?

◆ E certo! Guardi, possiamo vederlo anche oggi perché i nuovi ospiti arrivano dopodomani. Per esempio, oggi pomeriggio? ... Verso le cinque? Così vi mostro tutto per bene?

● Sì, perché no. Tu che ne dici?

■ Sì, per me va bene.

◆ Allora ... ecco, guardi, questa è la descrizione dell'alloggio, così intanto vi fate un'idea. Poi ci vediamo qui alle cinque e andiamo insieme alla casa.

● Va bene, grazie, arrivederci.

■ Arrivederci.

◆ Arrivederci.

6 **Le nostre esigenze**

(PARLARE)

Obiettivo: esercitarsi a parlare delle proprie esigenze (qui: in vacanza).

Procedimento: Formate delle coppie e procedete come indicato nell'Introduzione a p. 14 (*Produzione orale*). Potete concludere l'attività raccogliendo le idee in plenum.

7 Le case? Le ho viste in agenzia.
(SCOPRIRE LA GRAMMATICA)

Obiettivo: tematizzare l'uso dei pronomi oggetto con il passato prossimo.

Procedimento: **a.** – **c.** Procedete come indicato nell'Introduzione a p. 16 (*La grammatica – Procedimento*) facendo svolgere i punti **a** e **c** in due fasi (esecuzione in coppia e verifica in plenum); per il punto **b** è invece prevista soltanto la discussione in coppia.

Soluzioni:
a. Per quest'anno teniamo **la camera** in albergo perché **l'abbiamo prenotata**.; Prima ho visto degli **annunci**, **li** ho **letti** nella bacheca lì in vetrina.; Vorremmo portare **il cane**, quest'anno non **l'abbiamo portato**.
c. I pronomi *lo* e *la* diventano *l'*; i pronomi *li* e *le* restano uguali; l'ultima lettera del participio si concorda (in genere e numero) con il sostantivo a cui si riferisce.

8 Come l'hai fatto?

Obiettivo: fissare la struttura appena introdotta.

Procedimento: **a.** Fate svolgere l'esercizio in due fasi: esecuzione individuale e verifica in plenum delle frasi già date (per l'ultima frase raccogliete alcuni esempi).

b. Formate delle coppie, fate leggere il compito e accertatevi che sia chiaro. Procedete poi come indicato nell'Introduzione a p. 14 (*Produzione orale*).

9 Buongiorno, io vorrei...
(SCRIVERE E PARLARE)

Obiettivo: riutilizzare il lessico e le strutture sin qui introdotti.

Procedimento: Per tutte le fasi tenete conto di quanto si dice nell'Introduzione a p. 15 (*Compiti di gruppo*).

a. A libro chiuso, dividete la classe in due gruppi (A e B) e, se possibile, fateli sistemare in due punti dell'aula ben separati, in modo che ogni gruppo possa lavorare per conto proprio. Annunciate poi che il gruppo A lavorerà con la pagina 101 e il gruppo B con la pagina 123 (o con la scheda che gli verrà consegnata e che troverete nel sito). Dite quindi che ognuno legga la propria consegna e accertatevi che il compito sia chiaro. Infine formate delle coppie all'interno di ciascun gruppo (o dei gruppi di tre, se gli studenti sono dispari) e invitate i discenti a svolgere il compito entro il limite di tempo da voi stabilito.

b. Formate ora delle nuove coppie – unendo, questa volta, uno studente del gruppo A e uno studente del gruppo B (se gli studenti sono dispari, ci sarà un terzetto con due A e un B) – e fate leggere la consegna accertandovi che anche il nuovo compito sia chiaro. Procedete poi come indicato nell'Introduzione a p. 14 (*Produzione orale*).

10 Una casa al mare
(ASCOLTARE)

Obiettivi: sviluppare la comprensione auditiva e ampliare il lessico relativo alla casa (mobili).

Procedimento: **a.** Fate leggere il compito, accertatevi che sia chiaro e procedete poi come indicato nell'Introduzione a p. 9 (*Fase 1 – Comprensione globale*).

b. – **c.** Procedete come indicato nell'Introduzione a p. 10 (*Fase 2 – Comprensione più dettagliata*).

Attività supplementare: in un momento successivo potrete ripetere il lessico relativo alla casa creando un memory immagine/foto – parola.

Soluzioni:

a. sì

b. La casa è accogliente, spaziosa, tranquilla, luminosa, soleggiata. Nella casa ci sono: tavolo, sedie, libreria, armadio.

c. sì, sì, no, no, no

Trascrizione:

(Track 28 e 29)

◆ Eccoci qua.

■ Eh, però, che stretta questa strada!

◆ Sì, in effetti la strada di accesso è stretta, è vero... però la posizione della casa è molto tranquilla.

● Sì, tranquillissima, guarda! E anche soleggiata, nonostante tutti questi alberi. Che bello! Mi piace proprio. E l'appartamento qual è?

◆ È questo, guardi. Ecco, si entra di qui. È un monolocale, quindi qui abbiamo la stanza che serve da camera da letto e da soggiorno... spaziosa, luminosa, con tavolo, armadio, libreria con cassetti.

■ Accogliente, sì.

◆ E di qui si passa in cucina. ... E poi qui c'è il bagno con doccia...

● Senta, la biancheria viene fornita? È compresa nel prezzo?

◆ Allora, lenzuola e asciugamani vengono forniti, ma non sono compresi nel prezzo. Si pagano extra, sul posto. Sono 5 euro a persona.

● Ah, ho capito.

◆ Poi qui si esce sulla terrazza.

■ Però, che panorama!

● Ah, che meraviglia! Proprio bello... ma... ci sono servizi nei dintorni? Per fare la spesa, per esempio...

◆ Sì, c'è un negozio di alimentari, poi un ristorante e anche la fermata dell'autobus a circa 500 metri. La stazione ferroviaria invece è più lontana.

● Beh, non importa, tanto noi verremo in macchina.

■ E la TV?

◆ E no, mi dispiace, non c'è.

■ Peccato...

● E vabbe'... Senta, per il cane ci sono spese supplementari?

◆ No, no, è compreso nel prezzo.

■ E l'affitto è quello dell'annuncio?

◆ Mah, questo dipende dal periodo. Comunque sì, più o meno.

● Che bella casa! Ma di quando è?

◆ È del 1600 signora, ristrutturata nel 2003.

● Senti, a me piace. Tu che ne dici?

■ Eh, sì, anche a me. Senta, se magari ci può spiegare i particolari riguardo al prezzo, alla prenotazione per il prossimo anno...

◆ Sì, come no. Allora torniamo in agenzia e vi spiego tutto.

■ Va bene.

● Sì.

11 Che sole! Che mare!
(LAVORARE CON IL LESSICO)

Obiettivo: imparare ad esprimere meraviglia e rammarico.

Procedimento: a. Fate svolgere il compito in coppia. Per la verifica si ascolterà il track 30 e poi si discuteranno in plenum le soluzioni. In fase di verifica ponete l'accento sull'intonazione che, dal punto di vista comunicativo, 'pesa' tanto quanto le parole.

b. Fate svolgere l'esercizio in coppia: uno studente sceglie una situazione e la legge a voce alta, l'altro deve reagire in modo adeguato; poi si invertono i ruoli. Potete concludere con una rapida verifica in plenum.

Soluzioni possibili:

a. Le prime quattro espressioni esprimono stupore, le ultime due esprimono dispiacere.

b. **casa in Toscana:** Che bello!, Che grande! Che panorama! Che vista! Che meraviglia!; **casa per le vacanze:** Peccato!, Che peccato!; **amico al mare:** Mi dispiace, non posso venire; **appartamento prenotato tramite Internet:** Che brutto! Che piccolo!

12 Vacanze low cost
(PARLARE, LEGGERE, LAVORARE CON IL LESSICO)

Obiettivi: **a.** prepararsi alla lettura facendo leva sulla fantasia; **b.** sviluppare la comprensione della lingua scritta (testo giornalistico: articolo di cronaca); **c.** riflettere su alcune collocazioni; **d.** parlare di modalità di viaggio.

Grammatica e lessico: l'aggettivo *quello*.

Procedimento: **a.** Chiedete agli studenti che cosa potrebbe pubblicizzare la foto di p. 103 e invitateli a discuterne in coppia (eventualmente riproducete la foto su lucido o fotocopia a colori).

b. Invitate ora gli studenti a verificare le loro ipotesi leggendo l'articolo a pagina 104. Stabilite il tempo a disposizione per la lettura, scaduto il quale invitate gli studenti a confrontarsi con il compagno di prima. Concludete questa fase chiedendo ai discenti se e in che misura le loro ipotesi fossero azzeccate e in che cosa invece no.

c. Svolgete l'attività in tre fasi (esecuzione individuale, confronto in coppia, verifica in plenum).

d. Formate dei gruppi e invitate gli studenti a discutere sulla base della traccia contenuta nella consegna. Potete concludere l'attività in plenum con un rapido sondaggio volto a stabilire quanti studenti siano attratti da modalità di viaggio come CouchSurfing.

Soluzioni:
b. Alla foto corrisponde il CouchSurfing.
c. offrire un passaggio (anche: ospitalità, la villetta al mare); scambiare la villetta al mare; ricambiare l'ospitalità; mettere in comunicazione

---

Scheda informativa

CouchSurfing: sistema per trascorrere le vacanze a basso costo ideato nel 2004 da un programmatore di computer americano che desiderava trascorrere un weekend in Islanda spendendo poco e conoscendo persone nuove. Con sistemi da hacker inviò a numerosi studenti islandesi un'e-mail in cui annunciava il proprio arrivo e chiedeva ospitalità. Ricevette una cinquantina di risposte: da quell'esperienza nacque un progetto ormai diffuso in tutto il mondo.

13 Quel divano è comodo
(SCOPRIRE LA GRAMMATICA)

Obiettivo: scoprire e fissare le forme dell'aggettivo *quello*.

Procedimento: **a.** – **c.** Procedete come indicato nell'Introduzione a p. 16 (*La grammatica – Procedimento*). I punti **a** e **c** verranno verificati in plenum, mentre per il punto **b** è prevista soltanto la discussione in coppia. Per visualizzare la regola formulata chiedete agli studenti di inserire nella tabella azzurra – fra parentesi e davanti alle forme di *quello* appena inserite – l'articolo determinativo appropriato.

Soluzioni:
a. ... e poi aspetta chi cerca il passaggio verso **quella** destinazione; In **quell'**occasione migliaia di viaggiatori si sono organizzati con il nostro sito.
b. La forma non è sempre uguale perché *quello*, in funzione di aggettivo, si comporta come l'articolo determinativo.

c.

quell'armadio	**quegli** armadi
quel tavolo	**quei** tavoli
quello scaffale	*quegli scaffali*

quella casa	*quelle case*
quell'uscita	**quelle** uscite

14   Che bella casa!

Obiettivi: dedurre, per analogia, le forme di *bello* ed esercitare la struttura appena introdotta.

Procedimento: Evidenziate l'analogia fra *quello* e *bello*, poi invitate alcuni studenti a completare con la forma appropriata di *bello* alcune frasi formulate con parole note, tipo: *Che ___ musica!, Che ___ scarpe!, Che ____ abito!, Che ___ viaggio!, Che ___ zaino!, Che ____ occhiali!, Che ___ stivali!* Formate poi dei gruppi, fate leggere la consegna e accertatevi che il compito sia chiaro. Annunciate il tempo a disposizione, scaduto il quale chiederete a ogni gruppo di ripetere la propria catena di complimenti più lunga e priva di errori. Se volete, potete assegnare un premio al gruppo vincitore.

15   Il mio profilo
(SCRIVERE, LEGGERE E PARLARE)

Obiettivo: ripassare funzioni comunicative, lessico e grammatica della nona lezione.

Procedimento: Per tutte le fasi seguite le indicazioni del manuale tenendo conto di quanto si dice nell'Introduzione a p. 15 (*Compiti di gruppo*). Per l'attività **a** potete fornire agli studenti la scheda che trovate nel sito.

Culture a confronto

Ospiti a casa d'altri

Obiettivo: riflettere sui diversi concetti di ospitalità e sulle regole di comportamento che ne derivano.

Procedimento: Fate svolgere l'attività dapprima in coppia, poi raccogliete le idee in plenum. Aggiungete infine commenti e suggerimenti ad hoc tenendo conto del fatto che gli usi e i costumi in fatto di ospitalità sono diversi nelle diverse zone d'Italia.

Soluzione possibile:

a. In alcune culture, come quelle orientali e dell'Europa del Nord, togliersi le scarpe prima di entrare o appena entrati in casa è un gesto del tutto naturale. In casa propria può indicare anche solo relax, a casa d'altri lo si fa in segno di rispetto. In Italia invece non si usa. Al contrario, è considerata mancanza di rispetto ricevere un ospite scalzi o in ciabatte: l'italiano, perciò, non chiede agli ospiti di togliersi le scarpe, ma è lui a indossarle per accogliere gli ospiti con i dovuti riguardi. Per lo stesso motivo, l'italiano si sente imbarazzato quando viene invitato a togliersi le scarpe a casa d'altri, a meno che non si tratti di persone con cui ha molta confidenza.

b. + **d.** Offrire e accettare sono ritenuti gesti di rispetto. In Italia, tuttavia, è considerata buona norma non accettare subito per segnalare all'altra persona che non si vuole recarle disturbo. A questo punto normalmente l'offerta viene ripetuta una o due volte e infine accettata. Questo rituale può creare equivoci con persone appartenenti a culture, come quella anglosassone, che prediligono la franchezza e la discrezione: il *no* di cortesia può essere preso alla lettera (situazione **d**) e l'insistenza nell'offrire, che può variare d'intensità a seconda delle regioni, può essere giudicata invadente e imbarazzante. L'italiano, a sua volta, può considerare poco cortese chi non rinnovi l'offerta (situazione **d**) e prova un certo dispiacere quando il rifiuto è inteso realmente come tale (situazione **b**): il riguardo nei confronti degli ospitanti impone infatti di accettare, per esempio, una seconda porzione di cibo.

c. Nelle case italiane normalmente non esiste un gabinetto separato e quindi l'italiano si aspetta di trovare *tutti* i sanitari nella stanza da bagno. Ciò può creare equivoci anche perché spesso si preferisce evitare l'uso di termini sentiti come troppo specifici e dunque poco eleganti, quali 'gabinetto' o 'toilette'. In Italia esiste invece, nelle abitazioni sufficientemente grandi, il bagno degli ospiti, ambiente meno privato del bagno usato dai padroni di casa.

Portfolio

Autovalutazione – Obiettivo: fare un bilancio della nona lezione.

Procedimento: Procedete come indicato a p. 25 dell'Introduzione (*Portfolio*).

Immagini mentali – Innere Bilder entwerfen und beschreiben

Strategie – Obiettivo: **a.** – **c.** creare e descrivere immagini mentali; **d.** – **e.** riprendere la tecnica dei *loci* introdotta nella lezione 7 ed esercitarla in altro modo.

Procedimento: **a.** Mettete una musica strumentale di sottofondo a basso volume e pregate gli studenti di chiudere gli occhi e 'accendere' la fantasia. Con voce pacata dite – in italiano o nella lingua madre dei discenti – ciò che trovate nella consegna, facendo una breve pausa tra una domanda e l'altra affinché i discenti abbiano tempo per lavorare con l'immaginazione.

b. – **c.** Formate ora delle coppie e invitate gli studenti a descriversi vicendevolmente l'abitazione che hanno immaginato poco prima. Chi ascolta dovrà disegnarla senza che il compagno la possa vedere. Precisate che è importante la descrizione (cioè la verbalizzazione delle immagini mentali), non tanto l'abilità artistica del 'disegnatore'. Solo quando entrambi gli studenti avranno realizzato la pianta dell'abitazione descritta dal partner ci si potrà mostrare i disegni.

d. Richiamate alla mente la tecnica dei *loci* introdotta nella lezione 7 e fate leggere la prima parte della consegna. Date qualche minuto di tempo per la ricerca delle parole – che non dovrà essere casuale bensì mirata – e per la stesura della lista. Scaduto il tempo, dite agli studenti di piegare il foglio sul quale hanno scritto i vocaboli e consegnarlo al proprio vicino (se i discenti sono dispari, si formerà un terzetto). Pregateli poi di chiudere nuovamente gli occhi, 'girare' per la casa e 'mettere' ogni vocabolo in un punto che gli sembra atto a favorire la memorizzazione di quello specifico termine. Date un paio di minuti per svolgere questo compito, possibilmente con la stessa musica di sottofondo che avete usato per l'attività **a**.

e. Invitate ora gli studenti a lavorare con il compagno al quale hanno consegnato il foglietto con i vocaboli: a turno, uno dei due dice quali parole si ricorda e l'altro controlla con l'aiuto della lista.

L'Italia in festa

> **Temi:** feste cittadine, un mercatino di Natale.
>
> **Obiettivi comunicativi:** fare e ricevere auguri; parlare di feste popolari; invitare qualcuno a una festa cittadina / a un evento; accettare e rifiutare un invito; esprimere un'intenzione; acquistare un capo d'abbigliamento o accessori al mercato.
>
> **Grammatica e lessico:** le forme di *buono*; *sapere* e *conoscere* all'imperfetto e al passato prossimo; uso transitivo e intransitivo di *cominciare / iniziare* e *finire*; campo semantico 'feste' (feste di precetto e feste popolari).

1 Per iniziare

Obiettivo: introdurre il tema 'feste' facendo leva sull'esperienza e sulla fantasia; (ri)attivare lessico tematico.

Procedimento: Se possibile, riproducete la foto di p. 109 su lucido a colori e mostratela a libro chiuso coprendo con una striscia di carta il titolo della lezione. Chiedete agli studenti che cosa vedono e di che cosa si tratta, secondo loro: formate dei gruppi e invitateli a fare delle ipotesi. Dopo qualche minuto raccogliete le idee in plenum, senza tuttavia fornire la soluzione: dite soltanto che fra poco sarà possibile verificare chi ha indovinato. La fase in plenum vi servirà per riattivare conoscenze lessicali pregresse (come *arancia* e *cavallo*, usciti nella lezione 7 di **Chiaro! A1**) e introdurre i termini *tirare* e *carro*.

2 Il calendario delle feste
(LAVORARE CON IL LESSICO)

Obiettivi: **a.** – **b.** tematizzare le feste di precetto a livello nazionale; **c.** introdurre e sistematizzare le forme di *buono*; **d.** esercitarsi a fare e ricevere auguri.

Grammatica e lessico: l'aggettivo *buono*; festività religiose e civili.

Procedimento: **a.** Seguite le indicazioni del manuale e svolgete l'attività in due fasi: esecuzione in coppia e verifica in plenum. Per maggiore comodità potete fornire agli studenti l'ingrandimento del calendario che trovate nel sito.

b. Formate dei gruppi e procedete come indicato nell'Introduzione a p. 14 (*Produzione orale*).

c. Svolgete l'attività in quattro fasi: esecuzione individuale degli abbinamenti, confronto in coppia, verifica in plenum degli abbinamenti, formulazione della regola in plenum. In quest'ultima fase aggiungete un esempio con *buono* (per esempio *buono studio*).

d. Formate delle coppie, fate leggere la consegna e accertatevi che il compito sia chiaro. Prima di dare il via all'attività, richiamate l'attenzione sullo specchietto *Lingua*, che evidenzia alcune formule d'uso frequente.

Soluzioni:

a. Capodanno: 1° gennaio; Carnevale: variabile (di solito in febbraio o in marzo); Epifania: 6 gennaio; Festa del Lavoro: 1° maggio; San Silvestro: 31 dicembre; Ferragosto: 15 agosto; Pasqua: variabile (di solito in marzo o in aprile); Ognissanti: 1° novembre; Natale: 25 dicembre; Festa della Repubblica: 2 giugno

c. buon anno, buon divertimento; buona serata; buone feste, buone vacanze; buoni festeggiamenti; quando l'aggettivo *buono* precede il sostantivo, le forme del singolare corrispondono a quelle dell'articolo indeterminativo (un'amica → buon'amica, un viaggio → buon viaggio)

Scheda informativa

Le feste

Capodanno: da 'capo d'anno' è il primo giorno dell'anno, tradizionalmente festeggiato con un pranzo in famiglia che prevede menu diversi a seconda delle regioni.

Epifania: dal greco *epipháneia* 'manifestazione della divinità'. Nella religione cristiana, la prima manifestazione di Gesù, che avvenne davanti ai Re Magi nella grotta di Betlemme. La festa del 6 gennaio ricorda la visita dei Magi, ma i bambini italiani attendono l'arrivo della *Befana*, figura immaginaria di donna vecchia, brutta e mal vestita ma buona che porta doni scendendo dalla cappa del camino. A chi non è stato buono la Befana porta il 'carbone', che oggi in realtà è un dolce. La Casa della Befana si trova a Urbania, nelle Marche, dove dal 2 al 6 gennaio ha luogo la Festa Nazionale della Befana con l'obiettivo di riscoprire l'aspetto pedagogico della festa e quello folkloristico, legato alla tradizione – tutta italiana – della Vecchina.

Carnevale: il termine deriva dal latino tardo *càrnem levare* 'togliere la carne' e si riferisce alle privazioni dell'imminente Quaresima. Il carnevale è infatti la settimana che precede la Quaresima e in cui si svolgono feste e manifestazioni di vario tipo, in particolare il giovedì e il martedì grassi.

Pasqua: nella religione cristiana, festa che commemora la resurrezione di Cristo. È una festa mobile che si celebra sempre di domenica, fra marzo e aprile. In Italia si usa regalare ai bambini un uovo di cioccolata che contiene una sorpresa. È festa anche il giorno successivo, chiamato Lunedì dell'Angelo o Pasquetta.

Anniversario della liberazione: il 25 aprile si festeggia la fine dell'occupazione nazista, che prelude alla fine della seconda guerra mondiale. La data è legata a una serie di insurrezioni e battaglie che si svolsero dal 25 al 30 aprile 1945 in molte città del Nord Italia.

Festa del lavoro o **dei lavoratori:** si celebra il 1° maggio di ogni anno per ricordare le lotte per la conquista dei diritti dei lavoratori. La scelta della data è legata ai gravi incidenti verificatisi nei primi giorni del maggio 1886 in occasione di manifestazioni a Chicago (USA). In Italia la festa, istituita nel 1891, fu soppressa durante il fascismo e reintrodotta dopo la seconda guerra mondiale. Dal 1990 si svolge a Roma, in Piazza San Giovanni, il Concerto del Primo Maggio organizzato dai tre principali sindacati.

Festa della Repubblica: il 2 giugno si festeggia la nascita della Repubblica Italiana. La festa ricorda il referendum istituzionale in cui, il 2 giugno 1946, gli elettori dovettero scegliere tra monarchia e Repubblica. Tale referendum pose fine al Regno d'Italia e alla breve sovranità di Alberto di Savoia, succeduto al padre Vittorio Emanuele III nel mese di maggio 1946.

Ferragosto: festività popolare che in origine si celebrava il 1° agosto e fu poi spostata al 15 del mese, giorno in cui la Chiesa cattolica celebra l'assunzione al cielo della Vergine Maria (festa dell'Assunta). Il termine deriva dal latino *fĕriae Augŭsti* 'festa d'agosto', che risale a una festività istituita dall'imperatore Ottaviano Augusto. Ferragosto rappresenta tradizionalmente il culmine delle ferie estive: a causa delle partenze di massa per il mare o per la montagna nei giorni precedenti il 15, i media italiani parlano spesso di 'esodo'.

Ognissanti: festa cattolica di tutti i Santi, che si celebra il 1° novembre. Il termine deriva dal latino ecclesiastico *omnes Sancti* 'tutti i santi'. Il giorno successivo la Chiesa cattolica commemora tutti i defunti.

Immacolata Concezione: dogma della Chiesa cattolica secondo il quale la Madre di Gesù è immune dalla macchia del peccato originale sin dal suo concepimento. Il termine *immacolato* significa appunto 'senza macchia'. La ricorrenza liturgica (festa dell'Immacolata) cade l'8 dicembre.

Natale: ricorrenza della nascita di Cristo, che si festeggia il 25 dicembre. Il termine deriva dal lat. *natālem* 'della nascita', a sua volta derivato da *nātus*, participio passato del verbo *nascor* da cui l'it. 'nascere'. In Italia le tradizioni che riguardano il Natale sono diverse di regione in regione.

San Silvestro: notte del 31 dicembre, così chiamata dal nome del santo che si festeggia quel giorno. In Italia si festeggia di solito in compagnia e con una cena abbondante (detta per questo 'cenone'). Le tradizioni legate alla fine dell'anno possono essere molto diverse di regione in regione. Il 31 dicembre in Italia è un normale giorno lavorativo.

3 Un evento particolare
(ASCOLTARE)

Obiettivo: sviluppare la comprensione auditiva.

Procedimento: **a.** A libro chiuso, ponete agli studenti la domanda contenuta nella consegna e invitateli ad ascoltare il dialogo per scoprire la risposta esatta. Procedete poi come indicato nell'Introduzione a p. 9 (*Fase 1 – Comprensione globale*).

b. Fate leggere i compiti e accertatevi che siano chiari, poi procedete come indicato nell'Introduzione a p. 10 (*Fase 2 – Comprensione più dettagliata*). Concludete questa fase con una breve indagine: quale gruppo si era avvicinato di più alla realtà?

c. Seguite le indicazioni del manuale e procedete come illustrato nell'Introduzione a p. 10 (*Fase 2 – Comprensione più dettagliata*).

Soluzioni:
a. Nel periodo di carnevale.
b. È un evento che si svolge a Ivrea e ha carattere storico. Per evitare le arance bisogna indossare un berretto a forma di calza.
c. Oggi la mugnaia è il personaggio principale della festa; le squadre a piedi rappresentano il popolo che si ribella; le squadre sui carri rappresentano i soldati del tiranno; il berretto rosso rappresenta la partecipazione alla festa.

Trascrizione:
(Track 31)
● Pronto.
▶ Ciao, Lucia, sono Laura.
● Laura! Ciao! Come stai?
▶ Bene, bene, grazie. E tu, come va?
● Eh, bene. Sono appena tornata da una piccola vacanza... un fine settimana...
▶ Ah, e dove sei andata di bello?
● A Ivrea.
▶ E come mai?
● Eh, per il carnevale.

▶ Perché? C'è qualcosa di speciale?

● Eh sì c'è un carnevale storico, in costume...

▶ Ah, non lo sapevo!

● ... con la battaglia delle arance.

▶ "Battaglia delle arance"? E chi combatte?

● Eh, ci sono delle squadre. Ci sono le squadre sui carri che combattono contro le squadre a piedi. I carri attraversano i quartieri e la squadra del quartiere li attacca tirando le arance, nelle piazze.

▶ Scusa, ma... queste arance sono proprio arance vere?

● Sì sì sono vere. Sono tutti rossi... e c'è un profumo!

▶ Ma... e tu eri lì in mezzo? Ma non hanno colpito anche te?

● E no perché avevo in testa il berretto rosso, un berretto a forma di calza. Chi lo indossa non viene attaccato. Però, insomma... bisogna anche stare un po' attenti, eh....

(Track 32)

▶ Ah, senti, ma tu hai detto che è un carnevale storico: e com'è la storia, la conosci?

● Beh, sì, un po': c'era un tiranno che dominava la città e un giorno la città si è ribellata.

▶ Ah, un classico...

● Beh, sì. E per prima si è ribellata la figlia di un mugnaio. E per questo oggi la mugnaia è il personaggio più importante della festa.

▶ Ah, quindi ci sono dei personaggi fissi...

● Sì esatto. Per esempio, le squadre a piedi, che rappresentano il popolo, poi le squadre sui carri, che rappresentano i soldati del tiranno. E il berretto rosso che rappresenta la battaglia per la libertà... cioè, oggi rappresenta la partecipazione alla festa.

▶ Ah! Bello, interessante. Io non la conoscevo proprio, questa festa. Ci sei andata apposta?

● Beh, fino a pochi mesi fa non la conoscevo neanch'io. Poi ho conosciuto una persona di Ivrea che mi ha raccontato la storia e mi ha invitato al carnevale.

▶ Ah! Allora sei andata a trovare questa persona...

● Sì, esatto. Senti, ma... piuttosto tu mi chiamavi per qualche motivo?

▶ Ah, già, sì... ti volevo chiedere una cosa... eh... cosa ti volevo chiedere? Boh... non mi ricordo più...

Scheda informativa

Il carnevale di Ivrea

Ivrea è una città del Piemonte, in provincia di Torino. Il carnevale storico rievoca un episodio che si fa risalire al medioevo: un tiranno che affamava la città venne scacciato grazie alla ribellione della figlia di un mugnaio, la quale non volle sottostare allo *ius primae noctis* (diritto del feudatario di prendere il posto dello sposo, suo vassallo, nella prima notte di nozze) e diede il via alla rivolta popolare. Il carnevale è inteso dunque come Festa Civica durante la quale Ivrea celebra la propria capacità di autodeterminazione. I personaggi principali sono la Mugnaia, il Generale, che fin dai primi anni dell'800 ha il compito di garantire un corretto svolgimento della manifestazione, e il suo Stato Maggiore Napoleonico, composto da Ufficiali a cavallo e Vivandiere. Il momento culminante della festa è la battaglia delle arance, che rievoca l'insurrezione popolare: gli aranceri a piedi, sprovvisti di qualsiasi protezione, combattono a colpi di arance contro le armate del feudatario, rappresentate da tiratori su carri trainati da cavalli, i quali indossano protezioni e maschere che ricordano le antiche armature. Tutti possono prendere parte alla battaglia o in una delle nove squadre a piedi oppure nell'equipaggio di un carro. In segno di partecipazione alla festa i cittadini ed i visitatori, a partire dal giovedì grasso, indossano il 'berretto frigio', un cappello rosso a forma di calza che ricorda quello anticamente usato in Frigia (regione storica dell'Asia Minore) e poi adottato dai rivoluzionari francesi e per questo divenuto simbolo di libertà. Esso serve inoltre a evitare di essere colpiti dalle arance.

4 Una volta ho visto...
(PARLARE)

Obiettivo: esercitarsi a parlare di feste popolari.

Procedimento: Formate dei gruppi e procedete come indicato nell'Introduzione a p. 14 (*Produzione orale*). Prima di dare il via all'attività, precisate che non ci si deve riferire necessariamente all'Italia: si può parlare anche di altri Paesi. Potete concludere l'attività raccogliendo le informazioni in plenum.

5 Lo sapevi?
(SCOPRIRE LA GRAMMATICA)

Obiettivo: riflettere sull'uso di *sapere* e *conoscere* all'imperfetto e al passato prossimo.

Procedimento: **a. – c.** Seguite le indicazioni del manuale e procedete come illustrato nell'Introduzione a p. 16 (*La grammatica – Procedimento*). Per maggiore chiarezza sarà opportuno chiedere agli studenti anche al punto **d** quali verbi userebbero nella loro lingua madre per tradurre *sapere* in frasi analoghe a quelle del dialogo (in tedesco, imperfetto: *wissen*, passato prossimo: *erfahren*).

Soluzioni:
a. Ah, non lo sapevo!; non la conoscevo; non la conoscevo; ho conosciuto
c. Il verbo *conoscere* all'imperfetto significa conoscere già qualcosa / qualcuno (in tedesco *kennen*); al passato prossimo significa fare conoscenza di qualcosa / qualcuno (in tedesco *kennenlernen*).
d. sapevi; ho saputo

6 Tris di carnevali
(GIOCO)

Obiettivo: fissare le strutture appena introdotte.

Procedimento: Formate delle coppie, fate leggere le regole e accertatevi che siano chiare. Per maggiore comodità, potete distribuire l'ingrandimento del piano di gioco che trovate nel sito.

Scheda informativa

Carnevali
Sardegna: esistono tradizioni tramandate di generazione in generazione in tutta l'isola. Una delle più famose è la sfilata dei *mamuthones* di Mamoiada (Nuoro), maschere di legno indossate da uomini vestiti di pelli ovine che portano sulla schiena mazzi di campanacci e si muovono in modo cadenzato per scrollare la sonagliera. A Ottana (Nuoro) ci sono invece le maschere di legno, intagliate a mano, che rappresentano animali, i cosiddetti *sos boes* (i buoi), *sas baccas* (le vacche), *sos porcos* (i maiali) eccetera.

Cento si trova in Emilia-Romagna, in provincia di Ferrara. Vi si celebra un carnevale con sfilate di carri allegorici di cartapesta costruiti dalle Associazioni carnevalesche. Dal 1993 il "Carnevale d'Europa" – uno dei più divertenti, spettacolari e trasgressivi carnevali del continente – è gemellato con quello di Rio de Janeiro.

Putignano si trova in Puglia, in provincia di Bari. La tradizione del carnevale (motto: chi ride vive di più) risale al XIV sec. Momenti caratteristici sono l'estrema unzione, finta processione che si svolge alla vigilia del martedì grasso, e il funerale del carnevale, corteo funebre al seguito del 'defunto' rappresentato da un maiale (metafora degli eccessi) che viene bruciato in una piazza del centro storico. È una sorta di rito purificatorio con cui si brucia il materialismo in favore della spiritualità che arriva con la Quaresima.

Il carnevale di **Muggia** (città del Friuli Venezia Giulia in provincia di Trieste) trova origine nella tradizione veneziana, si apre il giovedì grasso con il 'Ballo della verdura' e prosegue con numerose feste per adulti e bambini. La domenica si svolge la sfilata di carri allegorici e gruppi in costumi con premiazione finale.

Fano è una città delle Marche in provincia di Pesaro-Urbino. La sua tradizione del carnevale risale al XIV sec. I punti forti sono il getto di caramelle e cioccolatini, a quintali, dai carri allegorici durante le sfilate e il caratteristico pupo detto 'vulon', caricatura dei personaggi più in vista della città.

Venezia: si hanno ricordi delle festività del Carnevale fin dal 1094, sotto il dogato di Vitale Falier, in un documento che parla dei divertimenti pubblici nei giorni che precedevano la Quaresima. Il Carnevale divenne festa pubblica nel 1296 quando il Senato della Repubblica dichiarò festivo l'ultimo giorno prima della Quaresima, ma ha tradizioni molto più antiche che rimandano ai riti di passaggio dall'inverno alla primavera, presenti in molte società. Oggi il Carnevale veneziano dura circa dieci giorni nel periodo pre-pasquale ed è un happening che coinvolge grossi sponsor, le reti televisive, le Fondazioni culturali.

Viareggio è una città della Toscana, in provincia di Lucca. La sfilata dei carri, che si svolge il martedì grasso, è una tradizione che risale al 1873, quando alcuni ricchi borghesi decisero di mascherarsi per protestare contro le tasse: nacque così l'idea di una parata di carrozze con lo scopo di mettere a nudo e sbeffeggiare i problemi della società. Dal 1954 la sfilata viene trasmessa in TV.

7 Non solo carnevale
(LEGGERE, LAVORARE CON IL LESSICO, PARLARE)

Obiettivi: a. sviluppare la comprensione della lingua scritta (informazioni turistiche); **b.** collocare geograficamente alcune feste tradizionali; **c.** comprendere lessico tematico; **d.** parlare di feste tradizionali.

Procedimento: a. Seguite le indicazioni del manuale e procedete come illustrato nell'Introduzione a p. 12 (*Gli input scritti – Procedimento*).

b. Seguite le indicazioni del manuale e svolgete l'attività in due fasi: esecuzione in coppia e verifica in plenum.

c. Svolgete l'attività in tre fasi (esecuzione individuale, confronto in coppia, verifica in plenum). Il lessico qui tematizzato potrà essere utile per l'attività successiva, ma è mirato più alla comprensione che all'uso attivo.

d. Formate dei gruppi e procedete come illustrato nell'Introduzione a p. 14 (*Produzione orale*). Per concludere potete verificare in plenum quale sia la festa più 'gettonata'.

Soluzioni:
a. **Carattere storico:** Palio di Siena, Palio dei Normanni, Palio delle Antiche Repubbliche Marinare; **Carattere religioso:** Festa di San Valentino; **Carattere gastronomico:** Aria di Festa
b. Festa di San Valentino: Puglia; Palio di Siena: Toscana; Palio dei Normanni: Sicilia; Palio delle Antiche Repubbliche Marinare: Campania (Amalfi), Liguria (Genova), Veneto (Venezia), Toscana (Pisa); Aria di Festa: Friuli Venezia Giulia
c. *addobbato – decorato*; agrumi – frutti come l'arancia e il limone; conquista – occupazione militare; contrada – quartiere; fantino – persona che va a cavallo (per professione); fiera – mercato che si svolge per una festa o ricorrenza; Mezzogiorno – il Sud d'Italia; Patrono – il Santo che protegge una città; rievocare – ricordare eventi del passato

Santi Patroni

Nella liturgia cattolica, il patrono è il santo che una comunità onora con speciale culto come suo protettore. Ogni città ha il suo santo protettore: il patrono di Milano è Sant'Ambrogio, quello di Napoli San Gennaro, di Venezia San Marco, di Bari San Nicola e via dicendo. I patroni d'Italia sono San Francesco d'Assisi e Santa Caterina da Siena.

Francesco d'Assisi, nato Francesco Giovanni di Pietro Bernardone (ca. 1182 – 1226): dopo una giovinezza dissipata abbandonò la casa del padre, ricco mercante, per vivere in povertà. Fondò l'ordine dei frati Minori. Scrisse il *Cantico delle creature*, uno dei primi e più importanti documenti della letteratura italiana. La Chiesa cattolica ne celebra la memoria il 4 ottobre. È considerato anche patrono degli animali.

Caterina da Siena, nata Caterina Benincasa (1347 – 1380): fu una mistica italiana. Canonizzata da papa Pio II nel 1461, è patrona d'Italia e compatrona d'Europa. La ricorrenza di Santa Caterina si celebra il 29 aprile.

8   Un invito
(LEGGERE, LAVORARE CON IL LESSICO)

Obiettivi: a. sviluppare la comprensione della lingua scritta; **b. – c.** fissare espressioni utili per formulare / accettare / rifiutare un invito, esprimere un'intenzione e proporre un'alternativa.

Procedimento: a. Seguite le indicazioni del manuale e procedete come illustrato nell'Introduzione a p. 12 (*Gli input scritti – Procedimento*).

b. Svolgete l'attività in tre fasi (esecuzione individuale, confronto in coppia, verifica in plenum).

c. Seguite le indicazioni del manuale e svolgete l'attività in due fasi: esecuzione individuale e verifica in plenum.

Soluzioni:

a. Senti, che ne dici di andare a *San Daniele* per la *Sagra del prosciutto* / *Aria di Festa*; San Daniele

b. **fare una proposta:** che ne dici di andare...?, Potremmo..., Ti va?; **esprimere un'intenzione:** Volevo...; **accettare:** Sì, mi va di...; **segnalare un problema:** però (domenica) non posso, mi dispiace; **fare una proposta alternativa:** Perché non ci andiamo...?

c. hai voglia di... → fare una proposta; d'accordo, per me va bene → accettare; purtroppo → segnalare un problema

9   Ti va di venire?
(SCRIVERE, LEGGERE, PARLARE)

Obiettivo: esercitarsi a fare e ricevere inviti.

Procedimento: Seguite le indicazioni del manuale. Per la fase **a** potete dare agli studenti l'apposita scheda che trovate nel sito.

10   La festa è cominciata
(SCOPRIRE LA GRAMMATICA)

Obiettivo: tematizzare l'uso dell'ausiliare con i verbi *cominciare* e *finire*.

Procedimento: a. Scrivete alla lavagna le frasi a lacune e dite agli studenti di cercare nelle e-mail gli elementi che servono per completarle, poi fatevi dettare le soluzioni. Invitate quindi la classe a rileggere con attenzione le frasi e chiedete che cosa si nota: i discenti risponderanno probabilmente che nelle quattro frasi compaiono gli stessi verbi – *cominciare* e *finire* – sempre al passato prossimo, ma non sempre con lo stesso ausiliare (se nessuno dovesse arrivarci, sarete voi a porre domande mirate: quali verbi ci sono? A che tempo sono usati?). Chiedete come ci si deve regolare – quando si usa un ausiliare e quando l'altro? – e invitate gli studenti a parlarne in coppia. Lasciate loro un po' di tempo per ragionare, poi raccogliete le idee e, procedendo come indicato nell'Introduzione a p. 16 (*La grammatica – Procedimento*), guidateli alla formulazione della regola: i verbi *cominciare* e *finire* richiedono l'ausiliare *essere* quando vengono usati intransitivamente (cioè senza oggetto diretto) e l'ausiliare *avere* quando vengono usati transitivamente (cioè con oggetto diretto) o con l'infinito. Ciò vale anche per tutta una serie di altri verbi, fra i quali a questo livello è il caso di citare soltanto *iniziare*. Fate notare, infine, che quando si usano con un infinito *cominciare* e *finire* richiedono rispettivamente la preposizione *a* e la preposizione *di*.

b. Formate delle coppie e leggete con loro la prima parte della consegna (fino a "...inventare tutto voi"). Accertatevi che il compito sia chiaro e assegnate circa dieci minuti per la realizzazione. Avvertite gli studenti che ciascuno dovrà trascrivere la storia su un foglio o sul quaderno in modo da poterla raccontare anche senza l'aiuto del compagno. Scaduto il tempo, unite le coppie a due a due e dite agli studenti di scambiarsi le storie per verificarne la correttezza linguistica e per vedere quale piace di più.

Soluzione:
a. La festa **è** comincia**ta** ieri.; **Ho** comincia**to** a studiare 5 minuti fa.; La festa **è** fini**ta** tardi.; Ho finito l'esame 5 minuti fa.

11 Al mercatino
(ASCOLTARE)

Obiettivi: a. – **c.** sviluppare la comprensione auditiva; **d.** fissare alcune espressioni utili a fare acquisti.

Procedimento: a. Seguite le indicazioni del manuale e procedete poi come illustrato nell'Introduzione a p. 9 (*Fase 1 – Comprensione globale*).

b. – **c.** Procedete come indicato nell'Introduzione a p. 10 (*Fase 2 – Comprensione più dettagliata*).

d. Svolgere l'attività in due fasi: esecuzione individuale e verifica in plenum. Alla fine richiamate l'attenzione sullo specchietto *Lingua*, che amplia la gamma di possibilità per l'ultima funzione comunicativa.

Soluzioni:
a. la foto n. 3
b. Questo mercato si svolge nel periodo di Natale (le due settimane precedenti, soprattutto per il ponte dell'Immacolata); si svolge a Perugia; l'uomo ha un amico che fa il medico e per hobby realizza oggetti artigianali come anelli, collane ecc.
c. La donna compra un braccialetto e forse un cappello.
d. chiedere di provare → Posso provare?; chiedere informazioni sul materiale → Sono d'argento?; chiedere un parere → Come mi stanno?; esprimere un parere positivo → Ti sta benissimo.; esprimere un parere negativo → Mi sta male.; chiedere un'informazione necessaria per l'acquisto → Che misura porti?

Trascrizione:
(Track 34)
▷ Allora, dove andiamo? Dove mi porti stamattina?
■ Ti porto alla Rocca Paolina.
▷ Eh, la conosco già! Ci sono già stata.
■ Sì, però mai sotto Natale.
▷ Eh... no, in effetti no. Perché, cosa c'è sotto Natale?
■ Un bellissimo mercatino. Cioè 'mercatino'... è una mostra, una vera mostra dell'enogastronomia e dell'artigianato, la più grande qui in regione.
▷ Ah no, non l'ho mai vista. Ma c'è già da molto tempo?
■ Mah... da una ventina d'anni, credo.
▷ E sempre in dicembre.
■ Sì, le due settimane prima di Natale, più o meno. Ma la gente viene soprattutto per l'Immacolata, quando c'è ponte e sotto Natale.

▷ Ah. E cosa si compra?

■ Beh, intanto un sacco di prodotti alimentari tipici: salumi, olio, vino eccetera...

▷ Mmm...

■ E poi prodotti artigianali come gioielli, borse, cappelli e cose simili. E tra l'altro c'è un mio amico che vende degli oggetti che fa lui: anelli, collane...

▷ Ah, fa l'orefice.

■ Noo, è medico. Fa queste cose per hobby. Comunque lo conoscerai perché andiamo al suo stand. E scommetto che ti resta in mano qualcosa...

▷ No, dai no! Io sto spendendo troppo qui a Perugia...

■ Scommettiamo?

...

(Track 35)

▷ Bello, proprio bello qui! E molto carine le tue creazioni! Senti, consigliami qualcosa, dai!

◆ Beh... abbiamo collane, orecchini, braccialetti, anelli... Per esempio, questi orecchini... che ne dici? Ti starebbero bene...

▷ Carini, sì, però... non so... E invece questo braccialetto mi piace molto. Oppure quello là. Posso provarli tutti e due? Sono d'argento?

◆ No, no, è bigiotteria. Ecco.

▷ Belli! Come mi stanno?

◆ Eh, bene.

▷ E quanto vengono?

◆ Questo viene 15 euro e questo 25.

▷ Mmm, tu cosa dici: quale prendo?

■ Mah... non so... secondo me, ti sta meglio questo.

▷ Mmm io invece... preferisco questo. Sì, prendo questo.

◆ Va bene.

■ Che ti avevo detto?

▷ Eh... che ci posso fare. Brr... mamma mia che freddo, non mi sono messa niente in testa.

■ E allora vieni che compriamo un cappello!

▷ Un cappello? Ma no, mi sta male!

■ Macché! Sono sicuro che ti sta benissimo. Dai, su! Che misura porti?

12 Il mercatino in classe

(PARLARE, SCRIVERE, LEGGERE)

Obiettivo: ripassare funzioni comunicative, lessico e grammatica della decima lezione.

Procedimento: Per tutte le fasi seguite le indicazioni del manuale tenendo conto di quanto si dice nell'Introduzione a p. 15 (*Compiti di gruppo*). Fissate con chiarezza un limite di tempo per ogni fase – in particolare per l'alternanza dei gruppi nella fase **c** – in modo che tutti abbiano la possibilità di 'vendere' e di 'comprare'. Per l'attività **b** potete fornire agli studenti i cartellini che trovate nel sito oppure dei fogli in formato A 3 per una lista comune.

Culture a confronto

Fare acquisti

Obiettivo: riflettere sugli usi e costumi relativi agli acquisti.

Procedimento: **a.**   Formate dei gruppi e invitate gli studenti a discutere sulla base degli spunti forniti dalle domande e dai disegni.

b.   Riportate il discorso in plenum, raccogliete le idee emerse nei gruppi e ampliate la discussione seguendo la traccia fornita dalla consegna. Aggiungete infine commenti e suggerimenti ad hoc tenendo conto del fatto che gli usi e i costumi sono diversi nelle diverse zone d'Italia.

Scheda informativa

a.   Nei negozi italiani non si è soliti 'trattare', ma è frequente che il cliente chieda lo sconto, cioè una riduzione del prezzo, spesso usando il diminutivo ("Mi fa uno sconticino?") e sorridendo per evitare che la richiesta risulti aggressiva. Ciò accade perlopiù nei negozi che si frequentano spesso perché lo sconto viene inteso dal cliente come 'premio di fedeltà', mentre il commerciante lo può interpretare come mezzo per fidelizzare gli acquirenti. Sono tuttavia sempre più numerosi i negozi che hanno solo un prezzo fisso, soprattutto nel settore della grande distribuzione. Diverso è il discorso per i mercatini, quelli rionali o settimanali per esempio, dove c'è una maggiore libertà di trattativa, soprattutto nelle regioni del Sud.

b. – **c.**   Data l'importanza che il cibo assume nella cultura italiana, resiste ancora l'abitudine di fare la spesa con una certa cura e se possibile sempre presso gli stessi rivenditori, con i quali si instaura un rapporto di fiducia. La domanda sulla freschezza della frutta, apparentemente retorica, si fonda appunto su questo rapporto: 'se la frutta non è veramente fresca, a me lo dirà, non tradirà la mia fiducia di affezionato cliente', si pensa. Nei negozi di salumi e formaggi la qualità della merce viene spesso verificata con un assaggio e molte persone, per ottenere esattamente ciò che vogliono, sono disposte a investire del tempo in minuziose descrizioni: non pochi commercianti colgono quest'occasione per dimostrare la loro professionalità e l'amore per il prodotto in questione. I salumi vengono normalmente tagliati al momento dell'acquisto in base alle richieste del cliente, mai in anticipo come può capitare in alcuni Paesi.

Portfolio

Autovalutazione – Obiettivo: fare un bilancio della decima lezione.

Procedimento: Procedete come indicato a p. 25 dell'Introduzione (*Portfolio*).

Le parole delle feste – Wortschatz mit Logik (Systematisieren)

Strategie – Obiettivo: riflettere sulle varie possibilità di imparare il lessico in maniera sistematica.

Procedimento: **a.** Scrivete alla lavagna la parola *festa*. Dite quindi agli studenti di scrivere al centro di un foglio il nome di una festa a loro nota e di annotare tutte le informazioni che conoscono. Per aiutarli a ricordare, ponete a voce le domande contenute nella consegna. Precisate che in questa fase si tratta solo di raccogliere le idee e che quindi i dati vanno annotati così come vengono in mente, senza un ordine preciso. Date qualche minuto di tempo.

b. Scaduto il tempo, esortate gli studenti a fare ordine nelle idee raccolte servendosi degli schemi di pagina 118. Precisate che le frasi già iniziate vanno completate e che il numero delle frecce già tracciate non è determinante: se ne possono aggiungere o togliere in base alla necessità. Per maggiore comodità potete fornire agli studenti la scheda che trovate nel sito.

c. Formate ora dei gruppi. Dite agli studenti di confrontare gli schemi realizzati e di discutere sulla base della traccia indicata dal libro. Per concludere riportate la discussione in plenum per raccogliere le idee e dare ulteriori consigli.

Ancora più chiaro 3

Obiettivo: ripassare funzioni comunicative, lessico e grammatica delle lezioni 8 – 10.

Procedimento: Seguite il procedimento illustrato nell'Introduzione a p. 26 (*Ancora più chiaro*) integrandolo con le indicazioni specifiche del manuale.
(Per vostra informazione: la foto raffigura la cattedrale di Palermo.)

Test Unità 8 – 10
A pagina 187 si trova un test a scelta multipla concepito come compito individuale da svolgersi a casa. Le soluzioni si trovano a pagina 7 dell'apposito fascicolo.